ALBERT SOUBIES

LES
MEMBRES DE L'ACADÉMIE
DES BEAUX-ARTS

DEPUIS LA FONDATION DE L'INSTITUT

TROISIÈME SÉRIE
1830-1848

PARIS
ERNEST FLAMMARION, ÉDITEUR
RUE RACINE, 26, PRÈS L'ODÉON

LES

MEMBRES DE L'ACADÉMIE

DES BEAUX-ARTS

n° 65

ALBERT SOUBIES

LES
MEMBRES DE L'ACADÉMIE
DES BEAUX-ARTS

DEPUIS LA FONDATION DE L'INSTITUT

TROISIÈME SÉRIE

1830-1848

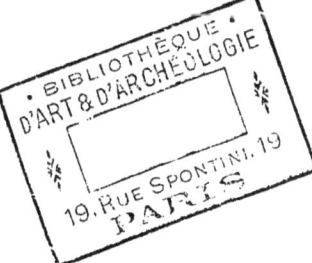

PARIS

ERNEST FLAMMARION, ÉDITEUR

RUE RACINE, 26, PRÈS L'ODÉON

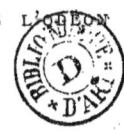

LES
MEMBRES DE L'ACADÉMIE
DES BEAUX-ARTS.

TROISIÈME SÉRIE

I

PEINTRES : BLONDEL (1781-1853). — PAUL DELAROCHE (1797-1856). DRÖLLING (1786-1851). — ABEL DE PUJOL (1785-1861). — PICOT (1786-1868). — SCHNETZ (1787-1870). — LANGLOIS (1779-1838). — COUDER (1790-1873). — BRASCASSAT (1804-1867).

Moins riche que la précédente en grands noms, la série actuelle — consacrée au règne de Louis-Philippe — nous fournira néanmoins l'occasion d'étudier plus d'une physionomie artistique, curieuse et intéressante.

En ce qui concerne la Peinture, une observation préliminaire trouve ici sa place. Assurément, pour l'intervalle de temps dont il va être question, elle ne perdit point son rang dans les préoccupations du public, mais, dès les premières années de cette période, elle cessa peu à peu d'être l'objet des discussions, des contestations véhémentes, qui avaient marqué, à cet égard, les annales de la Restauration. Balzac prétend que ce fut là une des conséquences indirectes de la Révolution de 1830, à cause de la façon dont, à dater de cette époque, fut modifié le fonctionnement du Salon. Voici, en effet, comment il s'exprime sur ce point dans une page assez piquante de son *Pierre Grassou* : « Toutes les fois, dit-il, que vous êtes sérieusement allés voir l'Exposition des ouvrages de peinture, comme elle a lieu depuis la Révolution de 1830, n'avez-vous pas été pris d'un sentiment d'inquiétude, d'ennui, de tristesse, à l'aspect des longues galeries encombrées ? Depuis 1830 le Salon n'existe plus. Une seconde fois le Louvre (où se faisaient alors, on le sait, les expositions) a été pris d'assaut, — par le peuple des artistes qui s'y est maintenu. En offrant autrefois l'élite des œuvres d'art, le Salon emportait les plus grands honneurs pour les créations qui y étaient exposées. Parmi les deux cents tableaux choisis, le public choisissait encore.... Il s'élevait des discussions passionnées à propos d'une toile.... Aujourd'hui, ni la foule, ni la critique ne se passionneront plus pour les produits de ce bazar. »

Il est à remarquer que les « discussions passionnées », dont parle, en cet endroit, Balzac, ne s'étaient, en tout cas, même avant 1830, jamais élevées au sujet de Blondel, le premier peintre qui, cette fois, par suite de son élection dès 1832, figurera sur notre liste. C'est par des qualités moyennes, des mérites de correction, de convenance, que s'étaient recommandées à l'attention ses œuvres, — bien délaissées aujourd'hui, car un de ses successeurs à l'Institut a pu justement demander « qui est-ce qui regarde encore » ces ouvrages, sages et sensés, composés avec réflexion et avec goût, mais froids et d'un faible relief. La production de Blondel est considérable et ce peintre sans éclat a été du moins un travailleur très appliqué, très énergique. Il fut l'auteur d'un plafond au Louvre, des peintures de la grande salle du Conseil d'État, de nombreuses compositions pour la galerie de Diane, à Fontainebleau, des fresques de la grande salle du Tribunal de commerce, de plusieurs toiles pour Versailles, de décorations à la Chapelle des morts de Notre-Dame-de-Lorette et à Saint-Thomas-d'Aquin, de beaucoup d'autres tableaux, portraits, etc.

Blondel, vers la fin de sa carrière, a été assez maltraité par la critique, qui, nous avons eu déjà l'occasion de le constater plus d'une fois, se montrait volontiers irrévérencieuse et souvent injuste. C'est ainsi que lorsqu'il exposa un portrait, assez peu heureux, de sa fille, un journaliste compara cette jeune personne à Iphigénie et à la fille de Jephté, soutenant qu'elle devait, elle aussi, prendre rang parmi les filles « sacrifiées par leur père ». Un autre malveillant alla jusqu'à dire que, voulant « se rendre plus facile le rôle d'Ugolin qui devore ses enfants », Blondel avait intentionnellement commencé par faire de sa fille « une croûte ».

***

En déclarant qu'il avait sa place indiquée, non entre les « grands maîtres », mais entre les « grands talents », un des secrétaires perpétuels de l'Académie des Beaux-Arts a trouvé pour caractériser Paul Delaroche (son vrai prénom, remarquons-le, était Hippolyte et non Paul), la formule la plus vraie et la plus satisfaisante. De même, M. Breton, auquel nous sommes heureux de faire encore un emprunt, qui ne sera pas le dernier, a parlé, en termes d'une extrême justesse, de ce « peintre des morts tragiques ». « Très habilement mis en scène, dit-il, ses drames, malgré leur froideur d'exécution, impressionnaient vivement : ses *Enfants d'Édouard* sur leur lit gothique, serrés ensemble dans une terreur glacée, tandis qu'au pas de la porte, d'où émerge une lueur suspecte, le petit chien flaire l'arrivée des assassins; sa *Jane Grey*, à genoux sur l'échafaud, les yeux bandés, et qui les bras nus guidés par un prêtre respectueux et attristé, allonge ses mains fluettes, cherchant le billot où poser son cou frêle; ce bourreau hésitant à saisir sa hache et qui, d'un œil attendri, contemple la pâle victime dont il va faire sauter la tête; ces femmes qui se lamentent; son *Charles I*[er], insulté par des soldats qui souillent de la fumée de leur pipe sa face résignée; son *lord Strafford* qui tend ses bras désespérément entre les barreaux de sa prison; tous ces tableaux étaient bien faits pour toucher les âmes sensibles d'une profonde pitié. »

M. Breton nous donne également une idée très complète du caractère de Delaroche « digne comme son art », dit-il, et qui, par là, « dominait son entourage ». Il nous le montre avec « sa belle tête régulière, un peu hautaine, son front aux larges plans, séparé au milieu par une large mèche de cheveux tombants, sa bouche fine et accentuée, son profil aquilin ». Il rapporte un trait qu'il tient, nous dit-il, de M. Hébert, et qui permet d'apprécier à quel point cet homme « profondément libéral » avait une ferme et haute conscience. « Dans les premiers temps du Second Empire, Napoléon III, ayant appris l'admiration de Paul Delaroche pour son oncle, lui envoya M. de Persigny chargé de lui offrir une importante commande : celle de décorer les salles à l'intérieur de l'Arc de Triomphe, par l'apothéose du grand Empereur. Le ministre, très aimable, se présenta au peintre avec des marques de grand respect, escomptant, de sa part, un chaud empressement à accepter sa proposition. Delaroche répondit simplement : « J'y réfléchirai et je vous écrirai. » M. de Persigny, très étonné, se retira en accentuant ses protestations de déférence.... Quelques jours après, le peintre adressait au ministre ce simple message : « Je remercie Sa Majesté du grand honneur qu'elle me fait en m'offrant une magnifique commande; mais j'ai juré de ne jamais rien faire pour un gouvernement que je combats. »

Il avait, antérieurement, fait preuve de la même correction d'attitude, lorsqu'on voulut lui retirer une partie de la commande qu'il avait acceptée pour la décoration de la Madeleine. Plutôt que de consentir à un tel arrangement, peu compatible, pensait-il, avec sa dignité d'artiste, il marqua son désintéressement en restituant la somme importante que, sur ce travail à entreprendre, il avait reçue à titre d'avance.

« Très équilibré, a dit encore M. Breton, d'un esprit distingué, de mœurs austères, il n'avait ni les qualités, ni les défauts des tempéraments fougueux; il péchait plutôt par excès de sagesse. Son principal mérite était une clarté bien française. On l'a justement comparé à Casimir Delavigne.... »

Ce rapprochement, en effet, avec l'auteur de *Don Juan d'Autriche*, a été indiqué par plusieurs écrivains, en particulier par Paul de Saint-Victor (moins favorable en son appréciation), et qui, signalant chez Delaroche « l'artifice du dramaturge », assurant que ses *Enfants d'Édouard*, « semblent posés sur le bord de leur lit par un régisseur », ajoutait, avec assez de spirituelle fantaisie : « On peut définir ainsi la carrière de Paul Delaroche : il part de l'Ambigu, s'arrête à la Porte Saint-Martin, longe le boulevard, traverse la rue Richelieu, entre au Théâtre-Français *un soir où l'on joue un drame de Casimir Delavigne*, y loue une stalle à l'année, s'y asseoit et s'y fixe. » Ce talent, continue-t-il, est « essentiellement théâtral ». Autant en ont dit les Goncourt, qui l'appellent « le metteur en scène inimitable », et Planche semble lui concéder le même genre de supériorité, lorsque, — d'ailleurs sans l'exempter de ses habituelles restrictions maussades, et, en reprochant par exemple à sa peinture d'être « souvent beaucoup trop propre », — il reconnaît que le *Mazarin* est un « chef-d'œuvre d'arrangement ».

Vouée tout entière au recueillement, à la méditation, à l'étude, la vie de l'artiste qu'Halévy a proclamé « poète et penseur » fut peu incidentée. Il était le fils d'un expert en tableaux, bon et solide connaisseur, qui a rédigé les catalogues de plusieurs collections importantes. Son oncle, M. Joly, fut, à la Bibliothèque, conservateur du Cabinet des Estampes. De bonne heure « il respira, a-t-on dit, l'air des musées » et « entendit le langage de l'art ». Élève de Gros, il réussit vite. Dumas père assurait qu' « il est peut-être celui de tous les peintres de notre époque dont les débuts furent les plus brillants », et Charles Lenormant raconte qu'il fut « étonné de l'empire que, tout jeune encore, Delaroche exerçait autour de lui », de « la confiance extraordinaire que l'on avait dans son avenir ». Dès l'exposition d'une de ses premières œuvres, il eut, au Salon, devant son tableau, *Joas sauvé par Élisabeth*, la satisfaction de l'entendre louer par deux visiteurs, dont l'un était Géricault, auquel il se fit présenter, et qui l'accueillit de la façon la plus encourageante. Indépendamment des ouvrages qui ont été précédemment mentionnés, il faut citer, parmi les plus vantés à leur apparition, son *Saint Vincent de Paul*, sa *Jeanne d'Arc*, son *Richelieu sur le Rhône*, sa *Miss Macdonald apportant des secours au dernier prétendant*, son *Cromwell contemplant le cadavre de Charles Ier*, sa *Mort d'Élisabeth*, sa *Mort du duc de Guise*, sa *Mort du président Duranti*, toile dans laquelle on loua le dessin ferme et facile, la couleur sobre et souple, le modelé fin et précis, l'habileté dont témoigne la manière de traiter les étoffes et les accessoires; son *Moïse exposé sur le Nil* (qui a figuré longtemps dans la chambre à coucher de la baronne James de Rothschild), sa *Vierge chez les saintes femmes*, sa *Vierge contemplant la couronne d'épines*, œuvres dont l'inspiration religieuse a pris sa source, assure-t-on, dans une foi très sincère. N'omettons pas ses dessins aux trois crayons, non plus que quelques-uns de ses portraits, celui de Grégoire XVI, peint à Rome, celui de Guizot, celui d'Émile Péreire, le meilleur, d'après Thoré, de tous ceux que l'on vit à l'Exposition internationale de Londres, en 1862.

Les collectionneurs les plus connus par leur goût difficile recherchaient ses productions, qu'on rencontrait chez lord Hertford, chez Delessert, en son vaste hôtel de la rue Montmartre, etc. Chez M. Schneider, les deux seules peintures modernes admises dans la galerie étaient deux portraits de lui. Il est à remarquer aussi que plusieurs de ses tableaux ont été exposés avec honneur dans des musées étrangers, son *Hérodiade*, à Cologne, son *Abdication de Napoléon*, à Leipzig, d'autres toiles encore à Kœnigsberg et à Gand, etc.

Thoré, qui disait que « son prestige tenait au choix ingénieux de ses sujets », a fait une remarque amusante au sujet de sa *Jeune martyre sous le règne de Dioclétien*, c'est qu'à Londres, lors de l'Exposition précitée, « elle était généralement prise pour une Ophélie ».

Il avait épousé la charmante Louise Vernet, dont il a été question dans le volume précédent, et, en partie grâce à la présence de cette belle et attrayante jeune femme, sa maison fut pendant un temps « un centre » des plus brillants, où, tous les soirs, se réunissaient « des poètes, des artistes, des philosophes, des hommes d'État ».

En vue des travaux dont il avait été chargé, et que finalement, comme on l'a vu, il ne réalisa pas, pour la Madeleine, il fit en Italie un laborieux séjour d'études. Il habita alors, au sommet des Apennins, dans un couvent de Camaldules, humble et ascétique demeure, où il fut visité par Ampère, alors occupé de son *Voyage Dantesque*. Delaroche dessina, dit-on, sur le mur de la cellule où il logeait, une madone de grandeur naturelle, que les religieux, après son départ, conservèrent pieusement.

Tout le monde connaît son œuvre capitale, cet *Hémicycle de l'École des Beaux-Arts*, entreprise colossale, où il avait à lutter contre de grands souvenirs, ceux de *l'École d'Athènes* et de *l'Apothéose d'Homère*. Halévy, en cet ouvrage d'un sentiment si élevé et si noble, a pu louer « la belle ordonnance des groupes, l'heureuse distribution de la lumière », et « la majesté simple de cette histoire vivante de l'art, depuis Périclès jusqu'à Louis XIV ». Un incendie, en 1855, endommagea l'« Hémicycle », dont la restauration, commencée par l'auteur, a été, après sa mort, continuée par Robert Fleury. Lui-même parlait avec modestie de ce vaste et bel ouvrage, à propos duquel, après l'avoir terminé, il écrivait : « S'il m'était loisible d'effacer mon travail et de le recommencer d'un bout à l'autre, je consentirais de bon cœur à m'enfermer encore quatre années dans cette salle d'où je sors aujourd'hui assez peu fier de ce que j'ai fait, mais instruit par l'expérience, et préparé du moins à mieux faire. Telle qu'elle est, je crois mon œuvre présentable.... » Voilà le ton accoutumé de ses lettres, ton que l'on retrouve dans celle, où, s'adressant à Robert Fleury, il écrit : « Voilà quinze jours que je me bats avec un groupe dont je ne puis me tirer.... Le matin sur la toile et le soir sur le papier, je m'escrime inutilement.... » Il y a, semble-t-il, un fond d'incurable tristesse dans cet autre fragment de sa correspondance, où, au sujet d'une nouvelle année commençante, il dit « qu'elle vient sottement pour ajouter à toutes celles qui sont déjà si profondément gravées sur sa vieille tête ». D'après Dumas, d'ailleurs, il avait parfois le vague sentiment de s'être trompé dans sa vie, et il s'écriait avec regret : « Oh! je n'étais pas fait pour les pinceaux, les toiles et les couleurs; j'étais fait pour la politique et la diplomatie. »

Une particularité assez curieuse, c'est qu'il s'en est fallu de peu, paraît-il, qu'on ne lui dût un important ouvrage de sculpture. Il avait l'habitude d'exécuter en cire des modèles de ses personnages. Se proposant de peindre un Saint Georges terrassant le dragon, il en fit, notamment, un modèle si bien réussi, que le comte de Pastoret, (celui-là même dont il a été parlé antérieurement), lui demanda de le réaliser en grand et d'en faire un monument de sculpture que l'on aurait placé dans un des carrés des

Champs-Elysées. Le projet n'eut, au reste, pas de suites. Mais il a subsisté deux épreuves en bronze du modèle exécuté alors par Delaroche : l'une a passé de la galerie du duc d'Orléans dans le cabinet de M. Thiers ; l'autre a fait partie de la précieuse collection de M. Paul Rattier.

Dans l'incessant renouvellement des goûts du public, le jugement définitif sur l'œuvre de Delaroche est assez malaisé à porter. En somme on peut s'en tenir à l'appréciation de M. Delaborde, le déclarant bien « français » par sa sobriété, sa mesure, son art d'intéresser l'esprit, par « l'ingénieuse prudence de ses calculs ». C'est M. Delaborde encore qui, avec beaucoup de sens et de discernement, l'a classé, en art, parmi les « girondins », les hommes de transaction entre les partis extrêmes, et qui, lui appliquant un mot de son époque, en a fait, dans les choses artistiques, un authentique et parfait représentant du « juste milieu ».

*
* *

Artiste estimé en son temps, professeur à l'École, et ayant formé de nombreux élèves, Michel-Martin Drölling est peut-être aujourd'hui moins connu que son père, comparé parfois à Granet pour son étude et sa recherche des effets de lumière, des jeux du clair-obscur, et que l'on a souvent regardé comme « le meilleur peintre d'intérieurs de la fin de notre école classique ». Sa *Cuisine* du Louvre est une œuvre de valeur. Il s'était fort préoccupé des Gérald Dow, des Metsu, des Terburg, les avait pris pour modèles, et s'était approprié quelque chose de leur manière, excellant comme eux à rendre pittoresque le détail familier. Il n'était point d'ailleurs tombé, à leur égard, dans l'imitation servile, avait gardé une façon, somme toute, bien française, relevée quelquefois, on l'a dit, d'on ne sait quel « accent alsacien ». Assez inégal, non exempt toujours de lourdeur et d'apprêt factice, il a, à d'autres moments, traité avec un certain « esprit de pinceau » les sujets qu'il affectionne, et il y a de la saveur dans sa *Cuisinière récurant un chaudron*, dans sa *Vieille femme lisant*, dans sa *Maîtresse d'école de village*, etc.

Quant à son fils qui, plus heureux que lui, obtint la consécration de l'Institut, et qui, élève de David, avait remporté le prix de Rome en 1810, il s'est voué à la peinture d'histoire, en général assez conventionnelle et solennelle, et au portrait. Les commandes officielles ne lui manquèrent pas, mais ses deux plafonds du Louvre, ses figures exécutées pour Versailles, ses peintures de la chapelle Saint-Paul, à Saint-Sulpice, sont aujourd'hui assez peu regardés. Une notoriété plus grande s'attache peut-être à son tableau « sur mur » du chœur de Notre-Dame de Lorette, *Jésus discutant avec les docteurs*. En restant fidèle à son genre, il a abordé des sujets d'ordres très divers : sujets bibliques avec sa *Mort d'Abel* et son *Bon Samaritain* (du musée de Lyon); sujets grecs avec sa *Colère d'Achille*, son *Orphée perdant Eurydice*, sa *Séparation d'Hécube et de Polyxène* ; sujets français avec son *Richelieu offrant son palais à Louis XIII* et sa *Dernière communion de Marie-Antoinette*. La note personnelle apparaît peu dans toutes ces productions, recommandables au reste par la correction de la conception et du métier.

Chef d'un atelier très suivi, il fut, en somme, un de ces peintres, peu originaux, mais utiles, par le travail entendu et consciencieux desquels l'art, sans acquisition nouvelle, se maintient, se transmet, conserve son niveau. Les amateurs, un moment, ont apprécié ses œuvres, et, par exemple, dans la galerie, déjà citée par nous, de François Delessert — composée de deux cent trente-six toiles et où son propriétaire, paraît-il, n'aimait point à introduire les visiteurs, — nous voyons qu'il a figuré des Drölling.

*
* *

Comme Blondel, par lequel a commencé ce chapitre, Abel de Pujol pourrait être aujourd'hui classé parmi les oubliés. Sa réputation, d'ailleurs, avait subi une forte éclipse dès 1855, année où ses œuvres firent, a-t-on dit, une sorte de « fiasco » à l'Exposition universelle ; il y avait envoyé, entre autres ouvrages, ses *Danaïdes*, peinture « imitant le bas-relief », d'après les termes du livret. C'était là une nouvelle application du système qu'il avait jadis adopté pour ses huit grisailles de la Bourse, représentant des allégories relatives au Commerce et à l'Industrie, et traitées, elles aussi, « en imitation de bas-relief de marbre ». Ces ouvrages, à leur apparition, provoquèrent une sorte d'enthousiasme. On les signalait alors aux étrangers comme « une des curiosités de Paris ». Un journaliste écrivait, quelques années après : « Si les habitués de la Bourse avaient le temps de lever les yeux en l'air, ils verraient sur leurs têtes des valeurs solides et qui ne sont pas sujettes à la baisse : ce sont les compositions de M. Abel de Pujol. » La « baisse » cependant s'est, à la longue, fait sentir, et, tout en rendant justice à l'incontestable habileté dont témoignent ces peintures, M. Olivier Merson a pu à bon droit faire ressortir ce qu'il y a, au fond, d'un peu « puéril » dans cette espèce d'assez vain « trompe-l'œil ».

Sur le moment, nous l'avons dit, la réussite fut complète, si bien que l'on pria l'auteur d'exécuter des décorations semblables tour à tour aux églises Saint-Roch, Notre-Dame de Bonne-Nouvelle, Sainte-Élisabeth, au palais du Luxembourg, etc.

En butte à l'hostilité des romantiques, Abel de Pujol — qui, entre parenthèses, a été le maître de Decamps — ne s'est pas imposé par une individualité distincte et caractéristique, mais il n'a pas toujours été dépourvu d'une certaine puissance. Ses fresques de Saint-Sulpice révèlent une assez vaste capacité de composition, et indiquent un homme qui a beaucoup étudié les beaux et classiques modèles. Un de ses ouvrages les plus estimés par les contemporains a malheureusement disparu : c'étaient les peintures de la voûte du grand escalier du Louvre, démoli lors de l'achèvement de ce monument. L'Empereur avait commandé au peintre une répétition de cette œuvre, pour la bibliothèque du Nouveau Louvre, mais cette « seconde édition » a été également anéantie dans les incendies de la Commune, en 1871.

Les débuts d'Abel de Pujol avaient été « sensationnels », car, dès l'année de son second prix, en 1810, il obtenait au Salon une deuxième médaille pour son tableau de *Jacob bénissant les enfants de Joseph*. L'année suivante, le premier prix lui fut attribué. En 1817 on fit un accueil des plus favorables à son *Saint Etienne prêchant l'Évangile*, destiné à l'église Saint-Étienne-du-Mont.

Nous rappellerons encore, dans l'énorme production de cet artiste régulier et laborieux, *la Vierge au tombeau* qui a passé de Notre-Dame à l'Archevêché, les quatorze peintures pour la chapelle des Dames du Sacré-Cœur, *la Madeleine Pénitente* de l'église de la Madeleine, *la Bienfaisance*, pour l'hospice Boulard à Saint-Mandé, l'hémicycle et la coupole de Saint-Denis du Saint-Sacrement, et, à Fontainebleau, les huit tableaux de la galerie de Diane, médiocrement en harmonie, d'ailleurs, comme on l'a fait observer, « avec les souples élégances du Primatice et de Rosso ».

Le père d'Abel de Pujol, amateur des choses artistiques, avait été le fondateur de l'Académie de Valenciennes. Il fut, dans cette ville, investi de diverses dignités. C'était au reste, vraisemblablement, un homme économe jusqu'à la parcimonie, car il s'en fallut de peu que son fils, au commencement de sa carrière, ne fût obligé de quitter l'atelier de David, faute de pouvoir payer les douze francs de la cotisation mensuelle.

*
* *

Très restreint est le nombre des critiques qui se sont, même au passage, et d'une façon sommaire, occupés de Picot. Dans tel ouvrage consacré à l'évolution de la peinture en ce siècle, il est à peine nommé; dans tel autre il est totalement omis. Et cependant, les quelques historiens de l'art qui ont eu l'occasion de l'étudier avec une certaine attention inclinent à penser qu'il y avait un tempérament véritable, une nature intéressante en cet élève de Vincent et de David, trop confiné sans doute dans l'emploi d'une certaine formule, mais qui semblait devoir être autre chose qu'un imitateur. Du reste, s'il s'est montré souvent l'esclave trop docile d'une convention un peu surannée, s'il a à peu près échoué, faute de hardiesse, dans ses tentatives décoratives du Louvre, Picot, tel qu'il est, avec ses lacunes, mais aussi avec ses très réelles qualités, mérite, tout compte fait, de laisser dans la tradition le souvenir d'un peintre distingué, savant, qui, en partie peut-être parce que de bonne heure il cessa de produire, n'a pas complètement fait voir ce dont, au fond, il était capable.

Jeune, il avait semblé promettre un coloriste. On peut s'en rendre compte en examinant sa *Mort de Saphira*. Il y a également de la force, du goût, de l'intérêt dans l'*Oreste endormi*. En un genre tout différent, le tableau représentant *le Duc d'Orléans et sa famille* est d'un arrangement habile, d'une exécution ferme et sûre.

Les deux meilleures pages de Picot sont peut-être son *Annonciation*, où se marquent le savoir et le sérieux talent, et, à Notre-Dame-de-Lorette, son *Couronnement de la Vierge*, dans lequel la scène est comprise et rendue avec une certaine grandeur, une sorte de poésie élevée et sévère.

Il faut ajouter que Picot a été le collaborateur, heureux et apprécié, de Flandrin pour quelques morceaux dans la nei et le chœur de Saint-Vincent de Paul.

*
* *

Celui que l'on a souvent appelé « le bon M. Schnetz » a été en un sens, parmi les artistes de son temps, une figure un peu à part. Un critique le montrait « retiré des querelles oiseuses qui divisent la peinture ». Enclin au scepticisme, éclectique par tempérament, ayant subi tour à tour, dans ses études, les influences de David, de Regnault, de Gros, de Gérard, il s'est, en général, dans son œuvre très abondante, tenu à l'écart des grands partis-pris intransigeants. Indulgent, parfois un peu ironique, mais toujours sans aucune amertume, il était fort en faveur auprès des élèves, à Rome, où il exerça à deux reprises le « directorat ». Il était venu pour la première fois dans la « Ville Éternelle » en 1816, ayant fait le voyage à pied, selon l'habitude des jeunes artistes de ces temps-là. Il y revint pour diriger l'Académie de France, d'abord de 1840 à 1847, puis de 1852 à 1865. L'auteur de *Rome contemporaine* nous l'a montré, durant ce second séjour, heureux et considéré, « regardé par la noblesse indigène comme un des siens, ayant le même train que les princes et la même opinion que les cardinaux », menant d'ailleurs, en dehors des jours de représentation, « une vie intérieure d'une simplicité romaine ».

Les juges les moins portés à la bienveillance lui ont concédé, comme producteur, une véritable « importance ». Ses premières œuvres firent du bruit, notamment sa *Bohémienne*, qui passa pour un chef-d'œuvre. Très maître du dessin, il paraissait de plus avoir le goût et le sens du coloris. Il n'échappait pas toujours à la critique. Quelques « salonniers » reprochaient à ses personnages de manquer de « chair », à ses fonds de manquer d'espace. « Admirable peinture, disait-on,... moins l'air et la vie. » On n'épargnait guère son *Charlemagne* et sa *Prise de l'Hôtel de Ville*, et, relativement à ses *Paysans italiens demandant à la Madone une guérison miraculeuse*, Heine, dans une des rares occasions où il ait fait de la critique d'art, déclarait, tout en louant la supériorité de la technique, que « cela était plutôt rédigé que peint ».

Nous ne pouvons procéder ici à l'énumération de ses ouvrages qui, comme nous l'avons indiqué, sont très nombreux, et dont un certain nombre ont été fort appréciés. Il s'est essayé dans presque tous les genres : dans la peinture religieuse avec ses décorations de deux chapelles à la Madeleine et à Notre-Dame-de-Lorette, avec sa *Sainte Geneviève* de l'église Bonne-Nouvelle, son *Saint Martin* de la cathédrale de Tours, son tableau de Saint-Étienne-du-Mont ; — dans le genre historique avec son *Condé à la bataille de Senef* et *à Rocroi*, sa *Jeanne d'Arc revêtant ses armes*, son *Sac de Rome par le Connétable de Bourbon*, son *Aquilée saccagée par Attila*, sa *Bataille d'Ascalon*. Ses ouvrages les plus caractéristiques sont peut être ceux où il a peint des scènes italiennes : sa *Famille de contadini fuyant l'inondation*, ses *Jeunes filles se baignant dans le lac de Nemi*, sa *Paysanne romaine effrayée par un taureau*, ses *Paysans écoutant un pifferaro*, etc., etc.

*
* *

Dans la carrière de Langlois, il n'y a guère eu qu'un jour de véritable éclat : celui, en 1819, où il exposa *Diane et Endymion*. Ce tableau, considéré comme excellent, obtint un succès immense. C'est sur ce succès que se fonda et se maintint la réputation du peintre. On doit signaler aussi, comme étant, à plus d'un égard, remarquables, deux tableaux datant à peu près de la même époque que le précédent, le *Saint Hilaire écrivant contre les Ariens*, qui est à la cathédrale de Bordeaux, et le *Belzunce* du Musée de Marseille. Mais, en général, le fanatisme exclusif de Langlois à l'égard de David le restreignit à une imitation presque servile, qui, dans la plupart des cas, ôte à ses ouvrages toute importance et tout intérêt. En la reproduisant, il outrait, d'ailleurs, la manière du maître, et aboutissait à un style emphatique, déclamatoire, que l'on reprocha, notamment, à son *Sicard instruisant les sourds-muets*.

Ne s'étant jamais renouvelé, voué par système à la répétition indéfinie des mêmes effets, Langlois tomba dans la monotonie. Il s'attaque presque toujours à des thèmes usés, et sa façon poncive de les comprendre et de les traiter est médiocrement apte à les rajeunir. Aussi l'histoire artistique n'a-t-elle gardé presque aucun souvenir distinct de son *Priam aux pieds d'Achille*, de sa *Cassandre priant Minerve*, de son *Ajax sur le rocher*, de son *Enlèvement de Déjanire*, etc.

De même, il a exposé une multitude de portraits, que l'on vit au Salon entre 1808 et 1837, et dont aucun, semble-t-il, n'est demeuré célèbre ni même connu.

Langlois n'a fait partie de l'Institut que pendant quelques mois. Élu — surtout grâce à l'influence encore exercée, à distance, par sa *Diane*, — le 8 avril 1838, il mourut dès le 28 décembre de la même année.

*
* *

Si Auguste Couder, malgré ses qualités rares et fines, n'est pas arrivé à une renommée plus brillante, c'est, dit M. Breton, parce que « travailleur modeste, il n'éleva jamais de tréteau à la porte de son atelier », et M. Breton retrace le portrait de ce « digne artiste » tel qu'il le vit sur la fin de sa carrière : c'était, dit-il « un beau vieillard dont le visage avait de l'ampleur et de la sérénité. Sous son front calme, entre les mèches souples de ses cheveux blancs, ses yeux brillaient d'une pure lumière. On y voyait luire la satisfaction du devoir accompli, et cela devrait suffire à cet honnête et excellent peintre.... »

Il avait attiré l'attention, dans le monde artistique, de bonne heure, par sa *Mort de Masaccio* et surtout par son *Lévite d'Ephraïm*, tableau appelé au partage du prix de vingt mille francs avec le *Saint Étienne* (mentionné ci-dessus), d'Abel de Pujol. On peut citer encore comme intéressants ses travaux au Louvre pour la coupole de la salle d'Apollon, son *Soldat de Marathon*, malheureusement détruit dans le sac du Palais-Royal en 1848, son *Saint Ambroise repoussant Théodose* (à l'église Saint-Gervais), que M. Champier a déclaré excellent, et surtout ses grandes compositions de Versailles, *le Serment du Jeu de Paume*, et *l'Assemblée des États-Généraux*, où, dépassant ses « belles qualités académiques » du début, ne se bornant plus à s'inspirer du maître qu'il avait tant admiré, David, il s'élève à « une sincérité très rare alors », et au « sentiment de la vie et de la vérité ».

Couder alla passer une année à Munich pour y étudier les procédés de la fresque. Le premier essai qu'il fit dans ce genre fut sa *Lapidation de Saint-Étienne*, pour l'église Notre-Dame de Lorette.

Son œuvre initiale, il l'avait composée sur cette donnée : *Amour, tu perdis Troie*, et son dernier ouvrage, celui auquel il travaillait au moment de sa mort, portait ce titre : *l'Amour maître du monde*. L'amour avait, d'un bout à l'autre de sa carrière, tenu une grande place dans la vie de ce peintre qui ne se maria pas moins de trois fois. Jeune, il avait été fort épris de la belle Cornélie Stouf, fille du sculpteur dont nous avons précédemment entretenu nos lecteurs. « Fais-toi un nom, je te donnerai ma fille », avait dit Stouf à Couder, qui, après le succès de son *Lévite d'Éphraïm*, devint l'époux de celle qu'il aimait. Malgré le désespoir qu'il éprouva en la perdant, il ne tarda pas à contracter une autre union. Il eut le malheur de devenir veuf une fois encore. Ce fut en 1865, à soixante-quinze ans, qu'il se maria, pour la troisième fois, avec « une jeune et charmante artiste », a dit M. Ernest Hébert dans la jolie notice lue par lui à l'Académie, « qui, soutenue par son admiration pour le maître, vint comme un rayon de printemps consoler et réjouir sa solitude ».

Causeur spirituel, Couder dont l'esprit était fort cultivé, a fait aussi œuvre d'écrivain. Il a réuni, dans un petit volume, quelques études lues à l'Institut, ou insérées dans différentes revues. Ce livre, intitulé : *Considérations sur le but moral des Beaux-Arts*, porte cette épigraphe : « La poésie est une peinture parlante, comme la peinture est une poésie muette. » L'auteur fait preuve de savoir, en citant tour à tour Aristote, Isocrate, Plotin, Vauvenargues. Il dit des choses souvent très délicates sur la peinture, la statuaire, la musique. Il résume avec grâce et avec goût ses impressions sur Rauch « au maintien fin et modeste, à l'œil plein de feu », qu'il avait vu durant son séjour en Allemagne. Il avait assisté au triomphe du sculpteur lors de l'inauguration de son *Frédéric II* équestre; il l'avait vu « embrassé par le roi » à la suite d'une représentation théâtrale où l'on avait exécuté un chœur spécialement écrit pour la circonstance par Meyerbeer. — D'esprit très ouvert, Couder analyse ailleurs fort ingénieusement le mémoire de Duchenne de Boulogne sur le *Mécanisme de la physionomie humaine*. — Comme spécimen de son style, nous donnerons ici la page où, non sans talent, il décrit un des tableaux de Gros, *la Bataille d'Aboukir* : « Là, un ciel radieux, dit-il, éclaire comme à regret, de son resplendissant éclat, le drame sanglant des fureurs humaines. Le désespoir, la rage et l'héroïsme sont aux prises; les armes sillonnent l'air de sinistres lueurs; les chevaux hennissent sous une blanchissante écume; la richesse et l'étrangeté orientales des armes et des costumes d'une partie des combattants, la diversité de race des deux armées, enfin tant de riches éléments de poétique coloris, sont compris avec génie, sentis avec passion, exécutés en maître. » Il pourrait être intéressant de comparer cette page à celle de Delacroix que nous avons citée sur le même sujet.

***

Amaury Duval a raconté d'une manière assez piquante la visite de candidature académique qu'il fit à Brascassat : « Il me dit peu de chose, et je ne répondis presque rien. » Il ajoute que Brascassat lui avait paru « un homme doux, poli ». Comme artiste, sa réputation, grande un moment, devait souffrir des succès postérieurs de Troyon, de Rosa Bonheur et de quelques autres, avec l'art desquels sa manière, un peu sèche, supportait malaisément la comparaison.

Il commença sous une inspiration très classique, et c'est avec une *Chasse de Méléagre* (placée depuis au musée de Bordeaux) qu'il obtint le second prix de « paysage historique ». Ce second prix ne lui assurait pas la pension à Rome, mais cette pension fut payée pour lui sur la cassette de Charles X et de la duchesse de Berry.

En Italie, il fit des études de paysage, genre dans lequel il ne cessa pas de se produire de 1827 à 1835, exposant ses *Vues* de Rome, de Subriaco, de Marino, du lac de Némi, de Cassano, de Baïa, etc. A dater de 1835, il s'adonna principalement à la peinture des animaux. C'est par le coloris que paraissent aujourd'hui pécher ces œuvres dont le dessin est d'ailleurs adroit et savant. Ses esquisses, qui sont nombreuses, et que son légataire, M. Kraft, a réparties entre différentes collections, nous semblent parfois l'emporter en intérêt sur ses tableaux proprement dits. Telle de ses ébauches, en son appareil sommaire, révèle chez lui la justesse et la sûreté de l'observation. Entre ses meilleures peintures, nous signalerons la *Vache attaquée par des loups* et surtout la *Lutte de taureaux* du Musée de Nantes.

II

SCULPTEURS : Roman (1792-1835). — Nanteuil (1692-1865). — Petitot (1794-1862). — Dumont (1801-1884). — Duret (1804-1866). — Lemaire (1798-1880).

Parmi les six sculpteurs que le règne de Louis-Philippe vit arriver à l'Institut, il en est un, Roman, qui, mort dès 1835, à quarante-trois ans, ne put donner toute sa mesure. M. Bellier de la Chavignerie observe que le silence, à la suite de cette disparition prématurée, se fit de bonne heure autour de son nom qui, précédemment, à la suite de succès répétés, avait été presque « populaire ». Il est, continue le même critique « à peine mentionné par les biographes, et tout ce qui a été écrit sur lui se borne au discours prononcé par Ramey fils, sur sa tombe ».

M. Gustave Geffroy a eu l'occasion, à propos de l'Exposition centennale de 1900, de louer le buste d'une réelle finesse, qu'il avait fait de Girodet. Ce buste en marbre fut très admiré en 1827, année où le sculpteur dont on vantait le ciseau « aussi pur qu'élégant » vit consacrer par la croix de chevalier de la Légion d'honneur le succès de son groupe du Louvre, la *Mort de Nisus et d'Euryale*, ainsi que des modèles de sa *Baigneuse* et de sa colossale *Prudence*, destinée à l'un des angles du Palais de la Bourse.

Il avait été remarqué dès 1812, à dix-neuf ans, pour son *Aristée pleurant ses abeilles*, qui lui valut le second prix. *Ulysse et Ajax envoyés vers Achille* lui méritèrent, quatre ans après, la suprême récompense.

Signalons encore parmi ses travaux le *Saint Victor* de l'église Saint-Sulpice, la *Sainte Flore* de Saint-Germain-des-Prés, ses bas-reliefs de la cour du Louvre, *la Terre et l'Eau*, et *la Pêche et la Chasse*, un autre bas-relief dont le sujet était l'*Entrée de Mgr le duc d'Angoulême dans Madrid*, sa « charmante figure » de *l'Innocence*, qui est au musée du Louvre, son monument élevé à la mémoire du défenseur de Louis XVI, Romain de Sèze (à la Madeleine).

Il fut le collaborateur de Petitot, dont il sera question un peu plus loin, pour le monument en l'honneur des victimes de Quiberon. N'oublions pas, aux Tuileries, sa statue de Caton d'Utique, qu'il avait laissée inachevée, et qui, après sa mort, fut terminée par François Rude, élève, comme lui, de Cartellier.

*
* *

C'était du même atelier que sortait Nanteuil, auteur d'un morceau célèbre, une *Eurydice* « longtemps exposée aux intempéries » dans le jardin du Palais-Royal et qui, lorsque avant d'être transportée au Louvre elle figurait au Luxembourg, passait, aux yeux de beaucoup de bons

juges, pour « la plus belle statue de ce musée ». On y
appréciait fort la grâce exquise du sentiment, la délicate
justesse de l'attitude, la correcte élégance du faire. Au
sujet de ce joli ouvrage, Paul de Saint-Victor a écrit
quelques lignes dignes d'être citées; il le déclare « véritablement grec par la noblesse du type et la jeunesse accom-
plie des formes. — Que de vérité, poursuit-il, et en
même temps que d'harmonie dans le monument d'Eurydice
portant la main à son pied, mordu par le serpent ! C'est
noble et pur comme la cadence d'un vers de Virgile.
Comme dans les figures souffrantes de l'art antique, la
douleur respecte ce beau corps, elle l'effleure sans le tour-
menter. Le sculpteur en a modéré l'expression, jusqu'au
point où elle aurait atteint sa beauté ! Eurydice va tomber
dans sa fleur, comme un lis tranché par la faux. »

Une autre œuvre très connue de Nanteuil est le fronton
de l'église Notre-Dame-de-Lorette; on lui a dû également
les bas-reliefs du péristyle du Panthéon, la colossale
Naïade en pierre de Saint-Cloud, le *Saint Jean* et le *Saint
Luc*, en bronze, de l'église Saint-Gervais, la *Sainte Margue-
rite* de l'église Sainte-Marguerite, etc., etc.

Deux de ses bustes nous paraissent aussi, pour leur bon
caractère, mériter d'être signalés : celui de Prud'hon, qui
est au Louvre, et celui de Quatremère de Quincy, qu'il
exécuta pour l'Institut.

***

Avec Louis-*Messidor-Lebon* Petitot, nous nous trouvons encore en présence d'un élève de Cartellier, — élève si particulièrement affectionné que le vieux maître en fit son gendre. Le grand *Louis XIV* équestre de la Cour d'honneur de Versailles est le produit d'une collaboration entre eux. L'homme est de Petitot, le cheval de Cartellier.

Le père de Petitot avait été lui-même un statuaire de mérite, auteur, pour ses débuts, d'une copie du *Gladiateur* antique, qui est au Musée de Dijon. Emprisonné comme suspect sous la Terreur, il dut sa délivrance au 9 Thermidor. Parmi ses productions ultérieures, nous indiquerons sa *Concorde*, statue assise sur un char, dont il donna le modèle au maire de sa ville natale, Langres; son *Génie français* qui, en 1804, lui valut un prix d'encouragement de trois mille francs; ses pendentifs du Panthéon, et sa *Marie-Antoinette* de Saint-Denis (1819).

Quant à Petitot fils, celui que l'Institut, en 1835, reçut parmi ses membres, son œuvre capitale est le monument colossal en marbre de Louis Bonaparte. C'est ce prince lui-même qui, d'après Guyot de Fère, avait, par son testament, chargé l'artiste de ce grand ouvrage.

Petitot avait remporté le prix de Rome en 1814. Durant son séjour en Italie, il exécuta pour le duc d'Albe un *Ulysse s'apprêtant à lancer le disque*. L'œuvre fut exposée à Paris en 1819, et plut tellement à

Louis XVIII qu'il la demanda au duc d'Albe pour la placer à Fontainebleau.

Au nombre des plus importantes scupltures de Petitot, il convient de ranger ses bas-reliefs du grand escalier du Louvre : les *Arts rendant hommage à Apollon* et *Minerve présidant aux récompenses accordées aux Arts*; son bas-relief en marbre de la Chambre des députés, *Louis-Philippe distribuant les drapeaux à la Garde Nationale*; — ses statues de « villes » de la place de la Concorde, et celles qui furent érigées aux extrémités du pont du Carrousel : *la Naïade de la Seine* et *la Ville de Paris*, *l'Abondance* et *l'Industrie*.

Il avait fait, à l'usage de l'Institut, un buste de Percier. Le neveu de celui-ci, Villain, a donné à l'École des Beaux-Arts un autre buste du même, également de la main de Petitot.

* * *

Rarement l'hérédité artistique se marqua dans une famille plus distinctement que dans celle d'Auguste (ou, pour être plus exact, *Augustin*) Dumont, le successeur de Ramey père, en 1838, à l'Académie des Beaux-Arts. Cette famille n'a pas produit moins de *quatre* sculpteurs : d'abord Pierre, auteur, au XVIIe siècle, de nombreux travaux à Paris et dans plusieurs villes de France, notamment Nancy; — puis François, dont le « morceau de réception », un *Titan foudroyé*, statuette en marbre, est au Louvre. C'était non seulement un artiste de talent mais encore un homme excellent et un mari modèle. M. Vattier, dans un ouvrage des plus intéressants consacré aux Dumont, nous a fait connaître la lettre charmante que lui adressait, en 1713, sa femme Anne — elle appartenait à la famille des Coypel : — « Tu peux être persuadé, lui écrivait-elle, que si tu es charmé que ton sort soit uni au mien, je suis dans un contentement inexprimable de mon côté de l'être à un mari aussi tendre et aussi délicat que tu es.... Mon cher amour, je t'embrasse un millier de fois, et sois persuadé que chaque instant de ma vie augmente l'amour de celle qui sera toute sa vie avec affection ta fidèle femme ». François Dumont, qui fut quelque temps au service du duc Léopold de Lorraine, et qui a laissé, entre autres œuvres, une statue à Saint-Sulpice et un bas-relief à Versailles, se tua en tombant d'un échafaudage, alors qu'il exécutait, à Lille, le mausolée du comte de Melun. (Son frère Jacques, dit *le Romain*, a été, rappelons-le en passant, un peintre de talent, que Diderot a qualifié de « maître. ») Le fils de François, Edme, dont le Louvre conserve une statue, fut l'auteur du fronton de l'ancienne manufacture de Sèvres et de deux figures sur la façade de l'Hôtel des Monnaies à Paris. D'Edme Dumont est issu Jacques-Edme, (pensionnaire à Rome sous la direction paternelle — caractérisée par nous antérieurement — de Ménageot), qui, bon patriote, en ces temps de « civisme », donna à la caisse nationale « les boucles d'argent de ses souliers », et qui a exécuté des travaux pour la colonne Vendôme, pour l'Arc de triomphe du Carrousel et pour la cour du Louvre.

Parmi les enfants de cet artiste consciencieux et méritant, Augustin Dumont n'est pas le seul qui se soit fait un nom dans les arts. Une des sœurs de ce dernier, Louise Dumont, est devenue Mme Farrenc, musicienne fort distinguée; ses compositions ont été louées, dans un des articles de Schumann, comme exhalant « un fin parfum de poésie romantique », et elle a contribué à initier à la théorie musicale le neveu de son mari, le futur auteur de *Sigurd* et de *Salammbô*, M. Ernest Reyer.

Augustin Dumont fit ses études au collège Sainte-Barbe, où le professeur de dessin le notait, ne croyant peut-être pas si bien dire, comme « capable de réussir avec du travail ». En sculpture, il fut l'élève de son père et de Cartellier, et remporta le Grand Prix à vingt-deux ans. Ce fut à Rome qu'il modela ce groupe de *Bacchus enfant et Leucothoé* qui lui valut la chaleureuse accolade de Thorwaldsen, et que, dans l'enthousiasme que lui causait cette œuvre, voulait acquérir la grande-duchesse Hélène de Russie.

Les lettres que, de la villa Médicis, Dumont adressait à ses parents, sont exquises. C'est l'expression charmante des sentiments d'affection tendre, depuis longtemps, comme on l'a vu par un des traits cités ci-dessus, traditionnels dans cette famille d'honnêtes gens. Il jouit des splendeurs de Rome, mais, ajoute-t-il, « toutes ces belles choses ne peuvent me tenir lieu du bonheur que je goûtais auprès de vous.... Je ne vois plus cette bonne maman... je n'entends plus le piano de Louise (celle qui était destinée à devenir Mme Farrenc).... Je ne puis plus causer avec papa.

Il faut du courage pour supporter tout cela. » Dans l'intéressante notice qu'il a consacrée à Dumont, son prédécesseur à l'Académie des Beaux-Arts, M. Barrias a rapporté un trait qui fait voir de quels délicats ménagements le jeune artiste était capable à l'égard de son père et de sa mère. Il s'était, à Rome, épris d'un de ses modèles, avait formé le projet de l'épouser, et avait déjà préparé la lettre par laquelle il annonçait aux siens sa détermination. En dépit de la passion qu'il ressentait, il eut le courage de déchirer sa lettre, et de renoncer au projet qui lui était cher, par crainte de troubler et de contrister les êtres vénérés dont il mettait la paix et le bonheur bien au-dessus de ses satisfactions personnelles. On dit du reste que ce furent les regrets causés par une résolution qu'il avait jugée nécessaire, qui lui inspirèrent, peu après, une de ses œuvres les meilleures, *l'Amour tourmentant l'Ame*. Guérin, devenu directeur de l'École, et enchanté de cet ouvrage, fit de sa bourse les avances nécessaires pour qu'il fût exécuté en marbre et envoyé à Paris.

Nous n'énumèrerons pas toutes les œuvres de Dumont (quelques-unes ont été détruites lors de la guerre et de la Commune). Nous mentionnerons du moins le *Philippe-Auguste* colossal érigé sur une des colonnes de la place du Trône, la « figure exquise » de *la Vierge* de Notre-Dame-de-Lorette, les bustes de *Gerdy* et de *Labrousse*, celui de *Mme Paul Delaroche*, placé sur son tombeau, et enfin le *Génie de la Liberté* de la Bastille et le *Napoléon* de la colonne Vendôme.

M. Guillaume, dans l'éloquent discours qu'il prononça aux funérailles de Dumont, a dit, à propos du *Génie de la Liberté* : « Par la vérité et la noblesse des formes qu'elle présente, cette figure est une des plus belles qu'ait produites l'art contemporain », et le sculpteur Perraud s'écriait un jour, en considérant, du boulevard Beaumarchais, cette statue : « On ne s'imagine pas ce qu'il fallait de science pour faire ce bonhomme-là! » Cela n'empêcha pas la presse ennemie de prétendre, à l'époque, que ce *Génie* n'était qu'une « caricature », et qu'on ne pouvait en sa présence « garder sa gravité ».

A l'égard du Napoléon de la colonne Vendôme, nous rappellerons que la première statue, celle de Chaudet, avait été descendue et détruite, lors de la Restauration, puis remplacée, sous Louis-Philippe, par le Napoléon, de Seurre, avec la redingote et le petit chapeau. Le Second Empire voulut, revenant à la conception première, substituer à cette effigie « le vrai César, a dit Castagnary, un César drapé à la romaine, ceint de lauriers ». Dumont fut choisi pour cette entreprise. Napoléon III vint voir dans son atelier la statue qu'il avait sculptée sur ce programme, et insista pour qu'il plaçât dans la main de son personnage la petite Victoire sur un globe, œuvre de Chaudet, qui avait presque miraculeusement échappé à la destruction de l'ancien bronze. « N'est-il pas bien étonnant dit, à cette occasion, Napoléon III au statuaire, que la Victoire soit tout ce qui reste de la statue du grand Empereur? »

On a conté certaines anecdotes assez plaisantes au sujet de la candidature académique de Dumont, qui, en cette circonstance, était en compétition avec Duret, dont nous nous occuperons tout à l'heure. On leur avait conseillé, pour faire leurs visites, de couper leurs moustaches, en leur disant que, dans le monde de l'Institut, on n'aimait pas cet « ornement » rappelant trop, selon les idées du temps, « la caserne ou le bivouac' ». Duret écouta cet avis, auquel Dumont refusa de se conformer. Cela ne l'empêcha pas d'être élu. Quand il alla solliciter la voix de Cherubini, il le trouva en train de faire une partie de dominos avec Halévy. D'un ton bourru, sans se déranger, Cherubini se contenta de lui dire : « C'est vous, monsieur *Doumont*? Eh bien! je vote pour *Douret*. » Dumont ne garda pas rancune au vieux maître, et il se trouva que, plus tard, ce fut lui qui, au Père-Lachaise, eut à sculpter le bas-relief de son tombeau.

*
* *

Sans avoir, dans l'art de la sculpture, une ascendance comparable à celle de Dumont, Duret était, lui aussi, fils de statuaire. Son père fut l'auteur du fronton de Saint-Philippe-du-Roule, *la Religion entourée de ses attributs*, de l'*Epaminondas* du Luxembourg, des sculptures en bois de l'orgue de Saint-Sulpice, etc. D'abord formé dans l'atelier paternel, puis élève de Bosio, Duret, né en 1804, obtint, dès 1831, un succès assez retentissant avec son *Mercure inventant la lyre*. Cet ouvrage, qui avait obtenu le prix décerné pour la première fois au meilleur envoi de Rome, ainsi que la grande médaille du Salon, fut mis « en pièces » en 1848 lors du pillage du Palais-Royal. Mais Duret avait conservé le modèle sur lequel on fondit un nouveau bronze, qui, quelques années après, suivant une note que nous avons retrouvée dans *la Revue des beaux-arts*, fut placé au foyer de l'Opéra.

Le *Mercure*, on vient de le voir, avait été conçu et exécuté à Rome. Pendant le temps de son « pensionnat », Duret fit un séjour à Naples, et, si l'on s'en rapporte à l'une de ses lettres publiées par Vattier, il ne s'y plut guère. Il écrivait, en effet : « Au diable les Napolitains et leurs fêtes!... Je ne commence à dormir que depuis hier. On tirait tant de coups de fusil, tant de pétards!... La ville de Naples me semble une mauvaise charge de Paris. Enfin, si je n'avais pas vu le musée et surtout les bronzes, je serais bien fâché d'être venu ici. » Il y avait là, comme on l'a fait observer, « un peu d'ingratitude », car c'est à Naples qu'il trouva l'inspiration de ses deux œuvres les plus célèbres : *le Jeune pêcheur dansant* et *l'Improvisateur*.

Le Jeune pêcheur dansant, en particulier, a été popularisé dans des reproductions innombrables. On l'a proclamé « un des chefs-d'œuvre de la sculpture contemporaine », et Saint-Victor, de sa plume brillante, a fait l'éloge de cette jolie statue : « Une joie antique, dit-il, anime et enlève ce gamin folâtre. Sa physionomie et sa danse sont celles d'un jeune satyre déguisé en lazzarone. »

L'Improvisateur n'a guère obtenu une moindre réussite. Quelques autres productions de Duret furent, par la suite, contestées. De là était venu peut-être le mécontentement que signalaient les journaux de 1841, en disant que l'artiste était retiré « au fond de son atelier » où, assuraient-ils, il « boudait ». Beaucoup plus tard encore, il n'était pas toujours ménagé par la presse, et Burger, tout en lui reconnaissant de l'habileté, déclarait « insignifiant » son *Paillet*, destiné à la ville de Soissons.

Nous nous bornerons, quant à nous, à mentionner son *Chactas au tombeau d'Atala*, son *Casimir Périer*, de la Chambre des députés, son *Ange Gabriel* de la Madeleine et ses deux belles figures du Théâtre-Français, à propos desquelles M. Guillaume a fait remarquer à quel haut degré Duret possédait la « théorie des ajustements ». « Non seulement, ajoute-t-il, les draperies accusent bien la pose et les proportions des deux personnages, mais la science du maître consiste en ce que les manteaux, taillés conformément à la tradition gréco-romaine, sont ajustés de façon que la coupe en reste sensible par les bords. Point de ces complaisances qui font que l'on dissimule certaines parties dont on est embarrassé. » Rappelons aussi qu'on doit à Duret le grand *Saint Michel* qui domine la fontaine érigée par Davioud.

***

Au rebours des précédents, Lemaire, bientôt devenu, à l'Institut, leur compagnon, ne sortait point d'un milieu artistique. A Valenciennes, où il naquit, son père était tout bonnement tailleur. Lui-même commença par être, chez un notaire, « petit clerc », chargé principalement des courses. Il fit ensuite, dans un bureau de la Loterie, une besogne d'expéditionnaire. Il sentit s'éveiller en lui le désir de la gloire en assistant à une chaleureuse ovation faite à son compatriote Abel de Pujol, qui devait, bien des années plus tard, comme Lemaire le raconta dans un banquet, lui annoncer le premier, « en se jetant dans ses bras », sa nomination à l'Académie.

Le jour du retour triomphal de Pujol à Valenciennes, leur commune patrie, le jeune commis de la Loterie s'était dit : « Un jour, je reviendrai comme lui ! » Cette espérance se réalisa, et, après ses succès, il fut dans cette ville (de laquelle, par parenthèse, il reçut deux fois le mandat de député) le héros de solennités extraordinaires, avec remise en grande pompe d'une médaille spécialement commandée à Barre, sérénade aux flambeaux donnée par la musique de la garde nationale, et lecture de vers dus à des poètes locaux où, entre autres choses, on disait :

> A le fêter tour à tour on s'empresse ;
> A sa poitrine on attache un ruban.

A Paris aussi, Lemaire avait connu les manifestations sympathiques. Son œuvre principale, on ne l'ignore pas, est le fronton de la Madeleine. Le matin de 1834 où, par un beau temps, il fit tomber le voile qui jusque-là avait recouvert son travail, il fut salué, d'après un compte rendu de l'époque, par « les acclamations unanimes d'une foule immense d'artistes et de curieux, saisis d'admiration à la vue de cette composition majestueuse ». La presse confirma ce succès. Delescluze, dans les *Débats* parla de l'« exécution grande et large » de cet ouvrage. *La Gazette de France* en vanta les « draperies simples, bien entendues ». *Le Commerce* félicita l'auteur d'avoir, dans sa composition, « tout subordonné à une idée dominante ». *Le Moniteur* déclara que c'était là « une œuvre capitale », qui « garantissait une longue existence à la réputation du statuaire ».

C'est à peine si la part de la critique fut faite par *le Temps* qui signala quelques réminiscences de Thorwaldsen dans le Christ, et de Canova dans la figure de Madeleine.

Loué en prose, Lemaire, en cette occasion, fut, par surcroît, chanté en vers, notamment par un poète qui se nommait Bécar, et qui, le traitant de « moderne Phidias », lui disait :

> Par toi la Madeleine offre aux regards surpris
> Un chef-d'œuvre étonnant qu'admire tout Paris.

Sans rester peut-être à la hauteur de cet enthousiasme des contemporains, l'impression des écrivains postérieurs s'est en somme, à l'égard de cet énorme travail, maintenue favorable. Théophile Lavallée a présenté ce vaste fronton comme « plein de dignité », et les frères Lazare, en leur si curieux livre, ont fait, dans cet ensemble imposant, l'éloge de la tête du Christ, du corps de la Madeleine, de la figure de la Charité, qui, assurent-ils, « offrent de grands beautés ».

Il est une autre vaste entreprise de Lemaire que nous ne devons point passer sous silence. Nous voulons parler de ses travaux à la gigantesque église de Saint-Isaac, bâtie, à Saint-Pétersbourg, d'après les plans et sous la direction d'un architecte français, Montferrand.

Pas plus que quelques-uns de ceux dont il a été question ci-dessus, Lemaire, dans les morceaux qu'il exposa au Salon, n'a été à l'abri des sévérités de la critique. A propos de sa *Jeune Fille*, un des grincheux de la presse soutint que tout, dans cet ouvrage, était « rond, maniéré, impossible »; il est vrai que l'artiste pouvait se consoler en lisant dans une autre feuille, au sujet de cette même œuvre, qu'elle était « pleine de grâce et d'un sentiment très délicat ».

Au Père Lachaise, il y a sur le tombeau de Mlle Duchesnois une *Tragédie* en bas-relief due au ciseau de Lemaire. Il avait beaucoup fréquenté le salon de cette actrice; il y rencontrait habituellement Onésime Leroy, Abel de Pujol, Bis, Saintine, avec lesquels, toujours fidèle au souvenir du pays natal, il créa, à Paris, la *Société des Enfants du Nord*.

III

ARCHITECTES : Le Clère (1785-1853). — Guénepin (1780-1842). — Huvé (1783-1852). — Caristie (1783-1862). — Gauthier (1790-1855). — Le Sueur (1794-1883).

Dans la section d'architecture, c'est encore, pour la période qui fait l'objet de ce chapitre, l'influence classique que nous allons voir subsister à l'Institut. Entre les six artistes dont nous aurons tour à tour à évoquer le souvenir, nous ne trouvons pas moins de quatre élèves de Percier, profondément imbus de l'esprit du maître, n'admettant point la discussion sur les principes qu'il avait posés, et, comme nous le montrerons dans la partie relative à Caristie, résolument hostiles à ceux qui alors commençaient à chercher des inspirations et des exemples dans les monuments du Moyen Age.

Parmi ces architectes, formés à l'école de Percier, le premier en date est Le Clère, élu dès 1831. Il a surtout laissé la réputation d'un actif et éminent professeur, dont l'atelier a été ouvert trente-huit ans. De là sont sortis Abadie, Viollet-le-Duc et bien d'autres. Le Clère avait passé six années en Italie, en compagnie de son camarade Provost, représenté auprès de lui dans un remarquable dessin d'Ingres, daté de Rome 1812. Le Clère, qui s'était fait, vers ce temps-là, beaucoup apprécier par une belle et importante restitution du Panthéon d'Agrippa, profita de son long séjour au delà des Alpes pour constituer un volumineux recueil de relevés d'édifices antiques, ainsi que de monuments de la Renaissance. Ces dessins, lithographiés plus tard, composèrent plusieurs volumes in-folio qui, entre 1815 et 1840, constamment feuilletés et consultés par les jeunes gens, fournirent à leur imitation des quantités de modèles.

Les ouvrages de Le Clère à Paris ne sont pas nombreux. Nous ne voyons guère à citer en ce sens que son tombeau de Casimir Perier au Père-Lachaise, spécimen d'ailleurs intéressant de son art sérieux et réfléchi. Les maisons qu'il éleva pour quelques particuliers pourraient aussi être mentionnées; leurs façades, généralement traitées dans le goût italien, sont souvent d'une pure et sobre élégance.

En province on lui doit de beaux châteaux, ceux de Villebois, de Mareuil, ainsi que le monument de Bonchamp à Saint-Florent.

Le nom de cet artiste appliqué, savant, d'une distinction réelle, est préservé de l'oubli par le prix qu'il a fondé à l'École des Beaux-Arts.

*
* *

Également classique par son éducation et ses tendances, Guénepin (élève, celui-là, de Peyre et non de Percier) acquit, dans l'architecture, une réputation et une autorité, bien que les occasions de se produire, ou du moins de s'illustrer, n'aient pas, pour lui, été nombreuses. M. de Franqueville ne signale parmi ses travaux que l' « église de Noisy-le-Sec », le « maître-autel de Saint-Thomas-d'Aquin » et « la mairie du XIIe arrondissement » — aujourd'hui le Ve. Nous reviendrons tout à l'heure sur cette dernière entreprise.

A cette courte liste, il conviendrait de joindre, d'après Guyot de Fère, la restauration que, durant son séjour en Italie, Guénepin eut à exécuter de l'Arc de triomphe de Titus. Remarquons aussi que, dans le même temps, il mesura et dessina les édifices construits par Vignole.

Nous devons mentionner également ses plans pour les abattoirs, lesquels demeurèrent à l'état de projet.

A l'égard de la mairie qui, sur la place Sainte-Geneviève, s'élève vis-à-vis de l'église, nous fournirons, comme nous le disions tout à l'heure, quelques explications complémentaires. Cette place, selon les frères Lazare, avait été commencée vers 1770, « lors de la construction de l'École de Droit ». Napoléon, par un décret de 1811, avait décidé que « le palais du Grand Maître de l'Université serait construit devant le Panthéon, et achèverait la place du côté opposé à l'École ». Ce décret resta lettre morte, et une loi, du 2 juillet 1844, approuvant les conventions survenues entre l'État et la Ville de Paris, mit à la charge de cette dernière, outre l'acquisition des terrains nécessaires, « la construction d'une mairie, avec façade symétrique à celle de l'École de Droit, » sur l'emplacement même où l'Empereur avait voulu loger son « Grand Maître ». Conformément à ces dispositions, Guénepin bâtit, en 1849, cet édifice municipal, dans l'érection duquel, par suite du programme imposé, il ne pouvait évidemment faire preuve de beaucoup d'originaité. En cette circonstance, du moins, comme dans les autres cas où l'on eut à faire appel à ses lumières et à son talent, il se montra homme de savoir, d'expérience et de goût.

*
* *

Il s'en est fallu sans doute de peu que Huvé, nommé en 1838, ne fût, à l'Institut, précédé par son père, lui aussi architecte d'une grande distinction, et qui, après avoir été, à vingt-deux ans, inspecteur aux bâtiments de la Monnaie, remporta le Grand Prix. En Italie, il explora, au point de vue artistique, la Calabre; il passa ensuite en Sicile, fit une excursion en Grèce, et, de ces divers pays, rapporta une riche collection de beaux et intéressants dessins. En Sicile, d'après Daniel dans sa *Biographie des Hommes remarquables du département de Seine-et-Oise*, « il avait laissé sur l'Etna des traces de son passage, en construisant, pour le prince Biscari, un pont des mieux conçus à l'égard de la hardiesse et de la solidité ». Attaché plus tard au château de Versailles, il fut, suivant la même source, maire de cette ville dans les premières années de la Révolution.

Quant à Huvé fils, L. Louvet nous le montre, élève de Percier, attirant l'attention dès le temps de ses études, et n'obtenant pas alors moins de cinq médailles à l'École des Beaux-Arts. Après avoir été un studieux disciple, il devait devenir plus tard un professeur très estimé, qui compta un grand nombre d'élèves capables et méritants. Les contemporains, Caristie dans le discours qu'il prononça sur sa tombe au nom de l'Institut, Delescluze dans *les Débats*, Romagny dans *la Revue municipale*, ont fait l'éloge de son caractère, — énergique ainsi qu'il l'avait prouvé, en 1814, en marchant avec la Garde nationale contre les alliés, — et en même temps généreux, comme en témoigne l'aide discrète qu'il porta à une foule de malheureux. Modeste, de manières fort simples, d'une probité scrupuleuse, d'un esprit très fin, il dut à ces qualités de s'acquérir « une magnifique clientèle privée ». *On aimait à avoir affaire à lui*, dit un document de l'époque. Extrêmement considéré, il arriva à la double présidence de la Société centrale des Beaux-Arts et de la Société centrale des architectes.

Successeur de Viel comme architecte des hôpitaux et des hospices, il devint, en 1827, architecte de l'Administration des Postes. Il fut aussi chargé des travaux de Compiègne, et acheva ceux du château de Saint-Ouen. C'est à la suite d'un concours qu'il bâtit le Théâtre Ventadour, asile de l'Opéra Italien au temps de sa plus grande faveur.

Mais son titre principal, c'est d'avoir terminé la Madeleine. Rappelons brièvement l'histoire de cet édifice. Sous l'ancien régime, on avait, sur cet emplacement, commencé une église « que la Révolution, dit M. Chateau, laissa subsister sortant à peine de quelques mètres au-dessus de son soubassement ». Napoléon, continue le même auteur, voulant utiliser les travaux déjà faits, rendit un décret daté de Posen (1806), qui ordonnait l'érection, à cet endroit, d'un monument dédié à la Grande Armée. Ce « Temple de la Gloire » devait, selon la pensée impériale, contenir « les statues des maréchaux et des généraux ; les drapeaux, les armes enlevés aux vaincus ; des bas-reliefs représentant les actions d'éclat ; et des tables d'or où seraient inscrits les noms de tous les soldats morts sur le champ de bataille. » D'après le jugement de la quatrième classe de l'Institut, chargée d'examiner les cent vingt-sept projets auxquels ce « magnifique programme » donna naissance, le prix fut décerné à M. de Beaumont, architecte du Tribunat; trois accessits furent attribués à Vignon, Gisors et Peyre neveu. Mais l'Empereur décida que l'on exécuterait le plan de Vignon, le seul qui fût celui « d'un temple et non d'une église », selon les termes de la dépêche qu'il adressa à ce sujet du camp de Finckenstein à M. de Champagny.

Vignon prit Huvé pour collaborateur, d'abord comme conducteur des travaux, puis en qualité de sous-inspecteur, et enfin avec le titre d'inspecteur en chef. A la mort de

Vignon, Huvé le remplaça, et il acheva le monument, définitivement affecté au culte.

La Madeleine, a été en général, de la part des écrivains spéciaux, l'objet d'appréciations favorables. Lavallée, en déclarant sa masse « imposante » et sa façade « grandiose », l'a proclamée « la plus belle imitation de l'art antique qui ait été faite dans les temps modernes ». Viollet-le-Duc a jugé qu'« extérieurement elle présente assez bien la physionomie d'un grand temple romain dans le goût de ceux que bâtit l'empereur Hadrien en Grèce et en Syrie ». En ce qui concerne l'intérieur, « il faut reconnaître, dit-il, qu'il ne manque pas de grandeur et de noblesse », mais il peut passer, assure-t-il, moins pour une église que pour « une salle de thermes antiques, ou un vaste tribunal, ou une belle salle d'assemblée ». C'est la même idée que nous trouvons sous la plume du critique qui s'est demandé « si cette colonade ionique longeant les deux côtés et portant une galerie, ce lourd entablement qui pourtourne tout l'édifice, tous ces caissons dorés, toutes ces tables de marbre, ont réussi à *christianiser* le Temple de la Gloire ».

Il est d'ailleurs assez malaisé de démêler ce qui, dans dans tout cela, appartient à Vignon ou à Huvé.

Une mort subite mit fin, en 1852, à la carrière de celui-ci. On le trouva, un matin, dans son lit, inanimé, ayant à côté de lui un livre ouvert auprès d'une bougie encore allumée.

***

Avec Nicolas Caristie, nous nous trouvons encore en présence d'un élève de Percier, « le maître de tous les maîtres » comme l'a appelé Victor Baltard, dans un discours prononcé à l'Institut, et précisément consacré à la louange de l'homme ingénieux et savant qui va nous occuper. Petit-fils et fils d'architectes, Caristie vint de sa province à Paris assez tard, à vingt-quatre ans, pour compléter son éducation artistique. Sur la liste, assez brève, de ses œuvres, nous voyons figurer des travaux à Reims, le Palais de Justice, une prison, une caserne, et la réparation des châteaux de Chastellux et d'Anet. Mais son nom est surtout attaché à la restauration de l'Arc antique d'Orange, entreprise où, dit Baltard, « il excella d'une manière irréprochable », et où il put utiliser les profondes études qu'il avait faites en Italie, où il s'était fort occupé d'archéologie romaine et avait dirigé des fouilles importantes.

Il fut également l'architecte du monument de Quiberon, à l'inauguration duquel il lui arriva une assez piquante mésaventure. Le jour de cette cérémonie; « tout entier aux soins à donner au dernier achèvement de son œuvre, il négligea de prendre dans le cortège le rang qui lui appartenait, et ne se présenta que lorsque les issues étaient fermées, pour se faire repousser par un factionnaire inflexible. Le sergent n'est pas plus accommodant : il maltraite le pauvre architecte et refuse de l'écouter. L'officier, invoqué à son tour, se montre plus civil et consent à le faire conduire par un long circuit à une porte de derrière ; mais, lorsqu'il arriva enfin, il était trop tard ». L'artiste mécontent ne put s'empêcher d'écrire au préfet, le comte de Chazelle : « Il est fâcheux, monsieur le comte, que le jour de cette inauguration, qui aurait dû être pour moi un jour de satisfaction, ait été un jour de peine. »

Les idées esthétiques qu'en sa qualité de docile élève de Percier professait Caristie, il eut l'occasion de les soutenir, en présence de l'Académie, avec une certaine véhémence. Il s'agissait du Moyen Age et de l'architecture gothique, — qui avaient dès lors leurs partisans à l'Institut, et qui commençaient, au dehors, à être fort en vogue, comme en témoigne une des pages les plus plaisantes de *Jérôme Paturot*, celle où il est question de « la maison dans le genre gothique » exécutée sous les ordres d' « un des architectes les plus chevelus de la capitale ». On se rappelle l'amusant discours de cet « artiste chevelu » qui, méprisant « la feuille d'acanthe et la cannelure, les oves et les tympans », redoutant de passer pour « un instrument de la ligne droite », un « esclave du dorique et du corinthien », une « âme vendue à l'ionique et au toscan », s'écrie en son langage tout rempli d'expressions *moyenageuses* : « Je veux ménager sur la façade quelques meurtrières d'où l'on puisse diriger une sarbacane contre les truands, les mauvais garçons et les tireurs de laine.... Des meurtrières, Pâques-Dieu ! cela ne peut pas nuire. La prévôté ne fait pas toujours son devoir, et il est bon de se garder des maillotins. Ah ! si les échevins

y consentaient, quelle charmante tourelle je vous ferais !...
Mais les échevins sont là. Ils rognent les ailes au génie sous
prétexte d'alignement.... » A défaut de tourelle, on aura du
moins, poursuit-il, « les vitraux de couleur » et la salle
d'attente où Paturot pourra « déposer, en rentrant, le
hoqueton et la pertuisane ».

Sous forme de parodie, ce passage montre assez bien de
quelles préoccupations, par l'effet de la littérature romantique, étaient alors travaillées les imaginations. Lorsqu'on
projeta de bâtir Sainte-Clotilde, la reine Marie-Amélie,
cédant à ces influences, exprima le désir de voir donner à
cette église une forme plus ou moins imitée des édifices du
Moyen Age. Gau, l'architecte chargé de ce travail, conçut
son projet dans ce sens. Quoiqu'il fût l'ami de Caristie, il
fut énergiquement combattu par ce dernier, quand son
plan fut soumis au Conseil des Bâtiments civils. Non
content de cette opposition, Caristie voulut, nous l'avons
dit, porter le débat devant l'Académie des Beaux-Arts ;
là, fidèle à la tradition purement classique de son maître,
il se prononça résolument contre tout emprunt à l'architecture gothique, qui, affirmait-il, « n'est plus dans nos
mœurs ni dans nos usages ».

*
* *

Peu d'artistes ont eu une fin aussi malheureuse que
Gauthier, — encore un des architectes dont Percier avait
été le maître. A la fin de sa carrière, la ville de Troyes l'avait

chargé de bâtir un hôpital. Assez maladif à cette date, il ne put surveiller d'assez près les détails de la construction. Par suite de précautions insuffisantes, il survint un accident grave. Gauthier fut tenu responsable. La somme qu'on lui réclamait de ce chef se montait à deux cent mille francs. Comme il était hors d'état de les payer, on exerça contre lui, dans toute sa sévérité, la contrainte par corps. Il fut enfermé à la prison pour dettes, et, au bout de quelques mois, y mourut, succombant, dit-on, surtout au chagrin.

Son passage à Rome avait été marqué par de bons dessins ayant pour sujet la restauration des temples de la Paix et de Mars Vengeur. En 1819, son *Projet d'une basilique* lui valut, au Salon, une médaille. On lui dut plus tard le monument de Fénelon à Cambrai, celui de Du Guesclin à Mende, l'église de Bonneval, dans l'Aube, la restauration de la chapelle du château de Vincennes. Parmi ses ouvrages figurèrent aussi la chaire de l'église Saint-Gervais, l'École publique de la rue de Fleurus et le Dépôt des Glaces de la rue Saint-Denis.

Nommé architecte des établissements hospitaliers, il accomplit, en cette qualité, durant une période d'environ trente ans, des travaux d'une grande importance, l'agrandissement de l'hospice de Bicêtre, la construction de celui des Orphelins, et à Garches, de celui « de la Reconnaissance », dénomination originale justifiée par l'intention du fondateur, un homme de bien qui avait gagné par son travail une immense fortune.

L'œuvre la plus considérable de Gauthier, dans ce sens,

est peut-être la construction du vaste hôpital qui, à la suite du legs de deux millions neuf cent mille francs fait aux pauvres de Paris par Mme la comtesse de Lariboisière, a reçu, en mémoire de cette libéralité, le nom de la donatrice.

Ce legs avait coïncidé avec l'ouverture de l'établissement, qui précédemment avait dû tour à tour porter les dénominations d'*Hôpital Louis-Philippe*, d'*Hôpital de la République* et d'*Hôpital du Nord*. Élevé sur des terrains qui provenaient d'un échange entre la Ville et le baron de Rothschild, cet hôpital de six cent douze lits, comprenant dix mille six cent quarante-sept mètres de constructions entourées de plus de vingt-trois mille mètres de cours et jardins, a coûté à peu près huit millions. Gauthier, qui avait conçu ce grand ouvrage, en dirigea complètement l'exécution. On le félicita fort, à l'époque, d'avoir « utilisé toutes les dispositions présentées par la science pour réaliser un établissement modèle ».

*
* *

Le dernier architecte compris actuellement sur notre liste, Le Sueur, n'a disparu, à près de quatre-vingt-dix ans, qu'en 1883. Il avait eu le prix de Rome en 1819, *ex-æquo* avec Callet, sur cette donnée : *un Projet de cimetière*. Parmi ses travaux d'école, nous signalerons un bel *Essai de restitution de la basilique ulpienne*. Les distinctions ne lui manquèrent point dans sa carrière, et il est à noter qu'il reçut la grande médaille d'or de l'Institut Royal des architectes britanniques.

Quelques-uns de ses plus importants travaux ont été exécutés hors de France, particulièrement une belle villa en Italie, et, à Genève, les bâtiments du Conservatoire de musique.

Auteur de l'église de Vincennes, il a construit, à Paris, dans un genre dérivé du style italien, un certain nombre de maisons privées, dont les dispositions furent, en ce temps-là, très fréquemment imitées.

Son œuvre la plus considérable est l'agrandissement de l'Hôtel de Ville, regardé depuis bien des années comme indispensable, mais longtemps différé, et qui fut enfin décidé grâce principalement à la ténacité du comte de Rambuteau, alors préfet de la Seine.

Approuvés par le Conseil municipal en sa séance du 30 avril 1835, les travaux commencèrent l'année suivante. On en confia la direction à Le Sueur, en collaboration avec Godde. La construction proprement dite était, d'après les frères Lazare, terminée en 1846. L'aménagement intérieur dura jusqu'en 1854, et s'acheva sous l'autorité de Victor Baltard. En ce qui touche, spécialement, aux appartements de réception, l'on a pu dire « qu'ils étaient les plus remarquables qui existassent à cette époque ».

Fort instruit, Le Sueur a professé à l'École des Beaux-Arts la théorie de l'architecture. Il a donné des ouvrages d'érudition, et, en particulier, dans *la Revue Archéologique*, une dissertation très curieuse, relative à la chronologie biblique, et où, en se montrant au courant des découvertes les plus récentes, telles que celles de M. Oppert, il fait preuve d'une connaissance étendue et précise des textes anciens, citant et commentant Manéthon et Josèphe, Ctésias et Eusèbe.

IV

GRAVEURS : Forster (1790-1872). — Gatteaux (1788-1881).

Pour la période qui nous occupe, les mutations, dans la section de Gravure, ne furent point nombreuses. Dans un intervalle de dix-huit ans, nous ne rencontrons les noms que de deux membres nouveaux, Forster et Gatteaux.

Forster, — qui ne se trouve même pas nommé dans l'ouvrage du comte Delaborde sur *la Gravure*, a été présenté, à bon droit, par M. Duplessis, comme occupant en son art « un rang distingué ». Ce Suisse naturalisé vint à Paris à quinze ans, et passa tout d'abord par l'atelier de P.-J. Langlois. Il fut ensuite élève de l'École des Beaux-Arts. Dès cette époque, il exécuta un assez grand nombre de planches qui, à vrai dire, n'auraient sans doute pas suffi à fonder sa réputation. Le Grand Prix, qu'il obtint en 1814, lui donna l'occasion de poursuivre en Italie des études fort sérieuses qui assouplirent sa pratique et agrandirent sa manière.

C'est, en somme, assez tardivement, que vinrent les gravures qui lui ont assuré, selon les termes employés par un critique, « une place des plus honorables ». Mentionnons son *François Ier et Charles-Quint à Saint-Denis*, d'après Gros, sa *Sainte-Cécile*, d'après Paul Delaroche. Abordant aussi les tableaux anciens, il a fait preuve de talent, de respect pour le style, en prenant tour à tour pour modèles *la Vierge au bas-relief*, de Léonard de Vinci, *les Trois Grâces*, de Raphaël, etc.

Le genre du portrait est un de ceux où il a le plus complètement réussi. Dès 1819, il avait reproduit celui de *Wellington* par Gérard, et cet essai l'emporte, semble-t-il, en mérite, sur ses autres ouvrages de la même époque. Une dizaine d'années plus tard, nous aurions à relever, sur la liste de ses œuvres, le portrait du *Roi de Bavière* d'après Stieler. Postérieurement encore arriva le portrait de *la Reine d'Angleterre* d'après Winterhalter, artiste un peu surfait alors; aussi peut-on dire en quelque sorte que cette fois la traduction valait mieux que le texte. Dans le *Henri IV* de Porbus (dont il termina la gravure, croyons-nous, vers le même moment), il avait du moins affaire à une forte et solide peinture, digne de l'application minutieuse qu'il mettait à tous ses travaux.

*
* *

Une voix autorisée a dit à propos de Gatteaux, sur sa tombe, que « sa maison était bien connue de l'Académie des Beaux-Arts *dont elle semblait être la succursale* ». Ouverte à tous les artistes, cette maison était de plus un véritable musée, où se trouvait rassemblée « la collection la plus célèbre qui existât à Paris, la plus importante par la valeur intrinsèque des œuvres, comme la plus variée dans ses éléments ». On sait que, selon les intentions de Gatteaux, cette collection incomparable, commencée par son père, et extraordinairement accrue par lui, devait être, après sa mort, répartie entre le Louvre, l'École des Beaux-Arts et la Bibliothèque. Déjà le généreux donateur, « irrévocablement décidé au bienfait », avait « apposé sur chaque objet le timbre de la galerie publique à laquelle il était destiné ». Malheureusement la collection Gatteaux fut détruite dans un des incendies allumés par la Commune. Sans doute, a dit M. Delaborde, « quelques tableaux, quelques sculptures d'un haut prix, quelques beaux recueils d'estampes ou de dessins furent arrachés aux flammes ou retrouvés plus tard sous les décombres », mais, en somme, « le peu qui subsiste ne saurait guère servir qu'à rappeler ce qui a péri dans une heure affreuse et à faire mesurer l'étendue du désastre subi ».

M. Chaplain, le successeur de Gatteaux à l'Institut, a pu dire sans exagération que c'était là une véritable « perte nationale ». La notice que ce graveur éminent a consacrée à son prédécesseur est d'ailleurs, disons-le, des plus remarquables. Elle indique avec beaucoup de fine et délicate justesse de quelle manière il convient d'apprécier, en Gatteaux, non plus le collectionneur, mais l'artiste, — ce que l'on ne peut faire équitablement, selon M. Chaplain, si l'on ne se reporte par la pensée « à la fin du Premier Empire et à la Restauration ». Comme connaisseur érudit, Gatteaux avait un sens critique qui lui permettait d'apprécier toutes les perfections de la Renaissance et de l'art grec. « L'artiste, plus réservé et plus timide, s'en tint à l'idéal que représentait surtout l'art romain. C'est dans cet esprit que sont conçues la plupart de ses œuvres.... Il nous fait penser, malgré nous, aux poètes classiques et aux tragédies du Premier Empire. Ce qu'il recherche avant tout, c'est une dignité un peu froide, une simplicité qui pourrait être plus élégante.... »

Les médailles de Gatteaux sont extrêmement nombreuses. Ce fut d'après un dessin d'Ingres qu'il grava celle de l'École des Beaux-Arts. Nous avons eu l'occasion, à propos de David d'Angers, de parler de la médaille destinée à célébrer le *Rétablissement de l'Académie de France à Rome*. Citons encore celles de *Napoléon*, de *Marie-Louise*, du *Comte d'Artois*, d'*Haydn*, de *Beethoven*, de *Madame de Staël*, de *Masséna*, de *Louis-Philippe*, celles de *la Sainte-Alliance* et de la *Prise de la citadelle d'Anvers*. Comme sculpteur, on doit à Gatteaux plusieurs bas-reliefs, et quelques statues importantes, *le Chevalier d'Assas* pour la ville du Vigan, *Bisson* pour la place d'armes de Lorient. Sa *Minerve après le jugement de Pâris* a été, pour parler à la façon de Beaumarchais, « louée par ceux-ci, blâmée par ceux-là ». Tandis qu'un critique la proclamait « le meilleur peut-être de ses ouvrages », un journaliste blâmait, en termes assez irrévérencieux, la conception même et la disposition de l'œuvre.

Gatteaux qui avait fait de fort bonnes études classiques au

lycée Louis-le-Grand (il s'appelait, en ces temps éloignés, le Prytanée ou le Collège Égalité), fut apprécié pour ses grandes capacités intellectuelles dans « les nombreux conseils des Beaux-Arts dont il faisait partie » et aussi au Conseil municipal de Paris, où il était entré sous Louis-Philippe, et dont il fut, pendant plus de vingt ans, « un des membres les plus laborieux et les plus justement influents ».

Il était, on ne l'ignore pas, l'ami tout à fait intime d'Ingres, dont il partageait les vues esthétiques, faisant au besoin, comme Delacroix l'a noté, des « sorties contre la couleur ». M. Delaborde a dignement rappelé cette amitié de Gatteaux pour l'auteur de *la Source* : « Pendant près de soixante années, depuis le jour où le jeune graveur en médailles rejoignait à Rome le jeune peintre encore ignoré de l'*Œdipe*, jusqu'au temps où ils siégèrent tous deux à l'Académie, depuis l'époque où l'un procurait à l'autre l'occasion de peindre ses premiers portraits jusqu'à celle où l'illustre maître travaillait à l'un de ses derniers tableaux sous le toit même de son vieil ami, l'affectueuse sollicitude de Gatteaux pour Ingres ne s'est pas démentie un seul instant. »

A tous ses mérites Gatteaux joignait, paraît-il, celui d'être un académicien « scrupuleux » et véritablement « modèle ». Ajoutons qu'au moment de sa mort, en 1881, le vénérable artiste, « le lauréat de 1809, l'élu de 1845 », comme le nomme M. Chaplain, se trouvait être, avec ses quatre-vingt-treize ans, le doyen de l'Institut.

V

COMPOSITEURS : PAER (1771-1839). — REICHA (1770-1836). — HALÉVY (1799-1862). — CARAFA (1787-1872). — SPONTINI (1774-1851). — ONSLOW (1784-1853). — ADAM (1803-1856).

Une coïncidence assez bizarre fit que, sur les sept artistes élus, sous le règne de Louis-Philippe, dans la section de musique, il se trouva quatre étrangers, — naturalisés bien entendu, tous les quatre, — Paër, Reicha, Carafa, Spontini. Pour les deux plus importants d'entre eux, Paër et Spontini, on peut en outre remarquer que, par une autre analogie, l'un et l'autre reçurent la consécration de l'Institut d'une manière un peu tardive, à une époque qui n'était plus pour eux celle de la production facile et heureuse, et du succès retentissant.

A propos de Paër, nommé en 1831, un excellent critique allemand a dit avec raison que « son nom est purement historique » voulant signifier par là que son œuvre, d'ailleurs ingénieuse et très abondante, lui a peu survécu. Des quarante-trois opéras de Paër, rien ne subsiste, en dehors du *Maître de chapelle*, que l'on joue constamment encore, il est vrai. Ses oratorios, ses nombreux morceaux de chant, ses pièces de chambre et d'orchestre ne sont plus connus que de quelques curieux.

La carrière du compositeur avait été longtemps brillante. Très bien doué, il avait été l'homme de l'instinct plutôt que du travail. Très jeune encore, il avait imité avec succès le style léger des Cimarosa, des Paisiello, des Guglielmi, et donné des œuvres nombreuses qui réussirent sur la plupart des théâtres de la Péninsule. Le séjour de Vienne et l'audition des ouvrages de Mozart entraînèrent une modification dans sa manière qui devint plus solide, plus riche, plus délicatement nuancée. Ce fut alors qu'il écrivit ses opéras les plus intéressants, notamment *Camille*, fréquemment présentée comme son chef-d'œuvre, *Sargine*, et *Eleonora ossia l'amore conjugale* (c'est le sujet de *Fidelio*). Il conviendrait de comprendre encore sur cette liste une partition un peu postérieure, *Agnese*, presque improvisée pour être représentée dans un château, et l'une de celles où les qualités de l'auteur apparaissent avec le plus d'éclat, — et le gracieux ouvrage que nous citions tout à l'heure, le *Maître de Chapelle*, monté à Paris en 1824.

Lui-même avait rempli, avec autorité, les fonctions de « maître de chapelle » à Dresde. Ce fut là qu'il attira l'attention de Napoléon, qui lui confia la direction de sa musique, en lui assurant des émoluments considérables. Paër, dans ces fonctions nouvelles, se montra surtout un très attentif et très habile courtisan.

Comme directeur, ultérieurement, du Théâtre-Italien, Paër n'a pas échappé à tout reproche. Les auteurs anonymes de la piquante brochure intitulée *Paër et Rossini* l'ont blâmé d'avoir employé sous main toutes sortes d'artifices pour retarder ou compromettre le succès des opéras du maître de Pesaro. La destitution de Paër, prononcée par le vicomte de La Rochefoucauld en 1827, — d'ailleurs en grande partie pour des erreurs ou des négligences qui n'étaient pas les siennes, — l'amena à publier, pour sa défense, une espèce de plaidoyer sous la forme d'un opuscule qui s'adressait, d'après le titre, « à Messieurs les *dilettanti* ». Il eut, au reste, un dédommagement peu après la Révolution de 1830, Louis-Philippe l'ayant alors placé à la tête de la Chapelle des Tuileries.

Nous venons de voir qu'à l'égard de Rossini, sa conduite n'avait pas été exempte d'un peu trop de finesse. C'était là « l'astuce italienne » dont parle Berlioz dans ses *Mémoires*, et avec laquelle, suivant lui, Paër aimait à « raconter sur Beethoven, qu'il avait connu, disait-il, des anecdotes plus ou moins défavorables à ce grand homme et flatteuses pour le narrateur ». N'est-ce pas encore Paër — nous tenons ce souvenir de M. Henri Lefuel — qui, assistant à une première représentation, disait à son voisin, surpris de le voir applaudir bruyamment un morceau médiocre : « C'est de peur qu'on ne le coupe ! »

Homme de plaisir, Paër s'était fort occupé des femmes de théâtre, et avait fini par en épouser une, la signora Riccardi. Très gai, doué d'un esprit fin et vif, il excellait à répandre autour de lui la bonne humeur et l'enjouement. Cuvillier-Fleury, dans son *Journal intime*, a raconté que durant un séjour de la famille d'Orléans au château de Randan, en 1829, tout le monde fut sous le charme de la « verve intarissable » du compositeur, exécutant sur le piano d' « étourdissantes bouffonneries » au milieu desquelles, sans doute pour narguer la branche aînée, il alla un jour jusqu'à « jouer *la Marseillaise!* ».

A son sujet, nous signalerons encore, comme se rapportant à l'histoire académique, le petit fait suivant : Delacroix, lors de sa candidature de 1838, priant par lettre « son cher Musset » de le recommander à l'auteur du *Maître de chapelle* dont, grâce à cette intervention, il semblait espérer sérieusement le suffrage. Mais Paër n'était pas destiné à avoir jamais Delacroix pour confrère. Il mourut en 1839, et ce fut seulement, on se le rappelle, en 1857, que le peintre de *Sardanapale* devint membre de l'Institut.

*
* *

« Un professeur d'un talent distingué, qui contribue à la gloire nationale en enseignant et en propageant les doctrines d'une bonne école; qui dote la France d'élèves instruits et publie en même temps des ouvrages d'une utilité générale, ne mérite donc point de siéger à l'Académie des Beaux-Arts ? » Qui parlait ainsi ? Reicha, sollicitant, en 1831, le fauteuil qui fut attribué précisément à Paër. Il s'était déjà plusieurs fois présenté sans succès, et attribuait ces échecs à « l'usage de n'admettre dans la section de musique que les compositeurs ayant réussi à la scène »; il adressait à

« Messieurs les membres de l'Académie » une sorte de « lettre ouverte », simple petite « feuille volante » dont la Bibliothèque a conservé un exemplaire. Dans cet écrit, Reicha trace de lui-même, par voie de transparente allusion, un portrait avantageux en insistant sur cette idée « qu'il serait pénible et d'une injustice révoltante de se voir toujours expulser de l'Institut » pour « un artiste qui a passé sa vie à méditer sur son art ; qui a publié des ouvrages *importants, neufs et utiles*, sur la musique ; qui s'est acquis *une réputation européenne* ; qui a consacré à la France vingt-cinq ans de travaux, en contribuant avec *un zèle infatigable et désintéressé* aux progrès de son art ».

Non content de se faire ainsi valoir, il cherche à diminuer l'importance du genre pratiqué par ceux qu'on lui préfère, les musiciens connus par leurs succès scéniques. « La musique dramatique, assure-t-il, est une affaire de mode qui subit tous les caprices de cette dernière.... Tout présage sa décadence et peut-être sa ruine totale.... Elle n'est envisagée par le public que comme un amusement frivole.... Tous les théâtres lyriques en Europe font banqueroute.... » Il y a, on le voit, quelque naïveté dans ce parallèle tournant tout entier au profit « des ouvrages didactiques » et de leurs « auteurs célèbres ». Quoi qu'il en soit, il apparut bien qu'on ne méconnaissait nullement, à l'Institut, le mérite de Reicha ; il échoua encore, il est vrai, nous l'avons dit, en 1831, mais, quatre ans plus tard, l'Académie nomma ce théoricien ingénieux, — établi depuis longtemps à Paris, mais qui était né à Prague en 1770.

Il est curieux de constater que Reicha, dans l'opuscule dont nous avons parlé, semblait lui-même ne tenir compte que de ses livres d'enseignement, et négliger complètement ses productions d'une autre nature. Or il avait pratiqué jadis le genre appelé par lui « un amusement frivole », et écrit plusieurs opéras, *Cagliostro*, *Nathalie*, *Argina regina di Granata*; tout cela d'ailleurs avait passé à peu près inaperçu. Sa musique instrumentale a plus de valeur et de notoriété. Ses innombrables morceaux « de chambre », notamment, sont d'une facture classique et révèlent une main fort exercée. Il est, en particulier, l'un des premiers à qui l'on doive des morceaux parfaitement écrits pour les instruments à vent.

Quant à l'œuvre théorique dont il se réclamait comme d'un indiscutable titre, elle a soulevé, de la part de Fétis, de nombreuses objections, plus ou moins fondées, et, en tout cas, d'ordre trop spécial pour qu'il y ait lieu de les discuter ici. Ce qui est certain, c'est que deux ou trois des traités de Reicha sont demeurés estimés en Allemagne, où on les consulte encore, et où on leur reconnaît « une utilité pratique réelle ».

* * *

Reicha ne devait siéger que très peu de temps à l'Institut. Élu, comme on vient de le voir, en 1835, au mois de mai, il mourut, dans le même mois, l'année suivante. Son successeur fut Halévy, qui, dix-huit ans après, en 1854, devint secrétaire perpétuel de la Classe. Il remplit avec un véritable éclat cette fonction, dans l'exercice de laquelle il déploya de rares qualités d'orateur et d'écrivain.

Sa laborieuse carrière de compositeur a été marquée par de beaux succès. Il eut le prix de Rome, en 1819, avec une cantate, *Herminie*, dont le poème est entre nos mains. Il est à remarquer que, contrairement à l'usage qui a prévalu depuis, cette cantate ne comportait ni duo ni trio : c'était un simple monologue, ayant comme thème l'amour de l'héroïne pour Tancrède, et la résolution qu'elle prend de revêtir l'armure de Clorinde pour tromper les sentinelles veillant sur les murs de « Solyme », et pour aller retrouver celui qu'elle aime :

> De Clorinde voilà le casque belliqueux,
>   Voilà son armure guerrière,
> Ne puis-je m'en couvrir pour tromper tous les yeux?
> Oui, je l'accomplirai, ce dessein téméraire....

Les débuts d'Halévy au théâtre furent assez difficiles et médiocrement heureux, mais jeune encore, dans sa trente-sixième année, il fut mis en pleine lumière par l'éclatante réussite, à six mois d'intervalle, de *la Juive* et de *l'Éclair*. Depuis, suivant la double voie qu'il s'était ouverte, il a, dans chacun des deux genres de l'opéra et de l'opéra-comique, produit, avec des fortunes diverses, tout un répertoire. Bornons-nous à rappeler sommairement *Guido et Ginevra*, partition fort travaillée, mais dont la réussite, à l'origine, comme lors de la reprise que l'on en essaya, d'abord aux « Italiens », puis au « Théâtre-Lyrique » (installé alors à la Gaîté), fut compromise par les défauts d'une donnée trop sombre et d'un faible intérêt; *le Drapier*; *la Reine de Chypre*, dont Wagner fit, dans *la Revue et Gazette théâtrale*, un compte-rendu presque enthousiaste; *Charles VI*; *le Lazzarone*, que Heine, dans une de ses correspondances de *la Gazette d'Augsbourg*, déclarait « une œuvre de grand artiste »; *le Juif errant*, dont la « valse » obtint une réelle popularité; *la Magicienne*, à l'audition de laquelle, selon les journaux hostiles (une partie de la presse fut constamment malveillante pour Halévy), « on baillait quatre heures de suite », etc. — Parallèlement, il convient de mentionner *le Dilettante d'Avignon*, *les Mousquetaires de la Reine*, *le Val d'Andorre*, *Jaguarita*, etc.

Halévy avait acquis la réputation et l'autorité d'un véritable maître. Fétis, en général assez rétif à l'éloge, l'a vanté comme un grand musicien, et Ambroise Thomas, à ses funérailles, a prononcé à son propos le mot de « génie ». A une date plus récente, Riemann, a émis sur *la Juive* et *l'Éclair* une appréciation des plus favorables.

Professeur éminent, en même temps que compositeur fréquemment applaudi, Halévy, dans son long enseignement du Conservatoire, a formé un bon nombre de brillants élèves.

Durant ses années de « pensionnat » en Italie, Halévy avait fait un séjour à Naples. Fiorentino a raconté qu'il avait eu un moment l'intention de s'y fixer, et de n'écrire que pour les théâtres italiens. Il aurait même alors, paraît-il, ébauché, pour commencer à réaliser ce dessein, un ouvrage en deux actes destiné au *Fondo* ou au *Teatro Nuovo*.

Saint-Beuve a tracé d'Halévy un portrait des plus vivants; il nous montre cette physionomie « si fortement travaillée », parfois empreinte de gravité et même de tristesse, ainsi que par l'effet d'une « plaie cachée », mais habituellement ouverte et souriante. Delacroix nous fait voir, dans son journal intime, ce qu'était cet intérieur, « vraie maison de Socrate, trop petite pour contenir tous les amis », où il se plaignait seulement de l'excessive chaleur du calorifère, et où il allait dîner avec M. Ristori, Janin, Laurent-Jan, etc. Lorsqu'il ne recevait point, et n'était entouré que de sa famille, Halévy travaillait au bruit des conversations, écrivant de la musique, de la « prose ou des vers », ou bien, « avec une attention imperturbable », donnant carrière à son insatiable passion de lecture. Il savait plusieurs langues, était versé en érudit dans les études les plus diverses. En résumé, le contraire d'un spécialiste : « Il avait cela de *l'honnête homme* de La Bruyère, dit Sainte-Beuve, qu'il pouvait causer avec vous pendant tout un dîner, vous parlant de tout avec agrément,... et cependant sans vous dire un seul mot de musique. »

Son savoir, son goût, son tact, son art de manier ingénieusement la parole et la plume, furent cause que, quand la place de secrétaire perpétuel devint vacante, on songea tout naturellement à lui, après avoir, paraît-il, un moment pensé à choisir Vitet « qui était depuis plus de treize ans une sorte de *secrétaire perpétuel extérieur*, le plus brillant et le plus fin, mais à ses heures ». La réussite d'Halévy sous ce nouvel aspect fut, nous l'avons dit, complète. Dans les milieux académiques, on eut des occasions fréquentes d'admirer son « esprit riche, orné, facile », ses dons d'orateur « aisé, des plus aimables et amusants », plein de « fertilité » et d' « enjouement », n'éprouvant jamais nul embarras, animé d'un constant et heureux « désir de plaire ». Ses « éloges », où parfois il emprunte aux choses de la musique des métaphores et des comparaisons très neuves, peuvent souvent passer pour des modèles de bon style; il les travaillait fort, d'ailleurs, et ses brouillons portent de nombreuses ratures. Il en est quelques-uns, à la vérité, que la critique a jugés un peu trop ornés, trop fleuris. « Trop de fleurs ! » selon le mot de son spirituel neveu, M. Ludovic Halévy, — mais ce sont là, dans sa manière, des exceptions. En général, il est précis, élégant et sobre. Sainte-Beuve a pu citer, comme de tout point charmante, cette phrase d'une de ses plus agréables notices : « Simart, après avoir été misérable, ne fut plus que pauvre, et se trouva riche. » Les traits de ce genre abondaient sous sa plume.

On répétait à l'Institut ses *mots* souvent pleins de grâce. Un jour, à une séance des cinq Académies, présidée par Lebrun, qui avait prononcé le discours d'introduction, Halévy avait fait une lecture. Le président, à la sortie, le félicitait : « Quel joli *morceau* vous nous avez fait entendre ! » Halévy répondit : « Oui, mais aussi, quelle *ouverture* ! »

Ses succès de lettré avaient été tels que l'on eut un instant l'idée, à l'Académie française, de lui donner un des quarante « fauteuils ». M. Villemain lui parla en ce sens, l'engageant à une candidature dont le résultat, assurait-il, était certain. L'auteur de *la Juive* refusa, par égard pour son frère, Léon Halévy, écrivain de mérite, qu'il ne voulait pas, lui musicien, devancer sur un terrain purement littéraire. Léon Halévy était, du reste, lui-même bien connu et fort apprécié de l'Académie des Beaux-Arts, qui eut plus tard l'idée, « par insigne et spéciale faveur », de le désigner, quoique n'étant pas membre de l'Institut, comme successeur de son illustre frère, en qualité de secrétaire perpétuel.

* * *

Un journaliste a rapporté un assez joli mot d'Ambroise Thomas, qui venant d'entendre une certaine composition, compliquée, hérissée de dissonances, d'un jeune compositeur, lui dit : « Prenez garde! D'autres feront plus désordonné, plus discordant que vous, — et *vous serez leur Carafa!* » Par ce mot, on peut assez bien comprendre quelle réputation est, en somme, restée attachée au nom de Carafa : celle d'un artiste, non mal doué sans doute ni malhabile, mais un peu pâle, timide, indécis, imitateur souvent trop docile, pratiquant une forme d'art destinée à trouver sous d'autres plumes une réalisation plus caractéristique, plus énergique et plus complète.

Carafa ne fut point à l'origine un « professionnel », mais un simple amateur, d'ailleurs instruit. Après qu'il se fût entièrement voué à la musique, il eut tout d'abord une carrière italienne, et obtint des succès à Naples et dans plusieurs autres villes de la Péninsule, avec des ouvrages totalement conçus et exécutés sous l'influence de Rossini : c'est ainsi qu'il écrivit tour à tour *il Vascello l'Occidente*, puis une *Gabrielle de Vergy*, une *Iphigénie*, une *Bérénice*, *les Deux Figaro*, etc., toutes œuvres alors favorablement accueillies, mais qui ont disparu sans laisser de traces.

Nous n'entrerons point dans le détail de ces ouvrages oubliés.

Quant aux œuvres françaises de Carafa, nous nous contenterons d'indiquer *le Solitaire*, *le Valet de chambre*, *la Violette*, *la Prison d'Édimbourg*, *la Grande-Duchesse*, et surtout *Masaniello*, représenté deux mois avant *la Muette*. Il y a fréquemment dans cette musique un véritable souffle, un heureux tour mélodique, et, nonobstant quelques négligences, une certaine habileté de main.

Devenu français par naturalisation, Carafa a professé, non sans un peu d'indolence, croyons-nous, au Conservatoire de Paris et il a été, après Beer, à la tête d'un établissement supprimé depuis, le Gymnase de musique militaire.

Il importe de ne point le confondre, comme on l'a fait dans certaines biographies, avec son cousin, compositeur de musique religieuse, de cantates, de pièces vocales diverses, et auteur de chœurs pour les deux tragédies de Manzoni, *Carmagnola* et *Adelghis*.

Carafa, né à Naples, d'une famille noble, — une de ces familles « princières » dont parlait le comte de Forbin dans un fragment que nous avons cité ci-dessus, — avait été militaire. Il porta le brillant uniforme des hussards de la garde de Joachim Murat, auquel, dans la campagne de Russie, il servit d'aide de camp. Il avait, quand il quitta le service, atteint le grade de chef d'escadrons.

Nous nous souvenons de l'avoir vu souvent, en notre enfance, passer, allant au Bois, dans un panier attelé d'un fort petit cheval, qu'il conduisait lui-même. Il avait, dans sa vieillesse, gardé, dans sa conversation, sa verve italienne; plusieurs des membres actuels de l'Institut, et en particulier M. Gérôme, se rappellent encore ses joyeuses et parfois un peu vives saillies.

* *
*

L'entrée de Spontini à l'Institut, selon la remarque de Berlioz, « se fit noblement et d'une façon qui, il faut le dire, honora les musiciens français. Tous ceux qui auraient pu se mettre sur les rangs sentirent qu'ils devaient céder le pas à cette grande gloire. »

On doit observer que, si respecté à cette date, Spontini, lors de ses débuts en France, avait eu à se défendre contre plus d'une hostilité. Sorti d'une famille où il y avait plusieurs prêtres, et destiné lui-même au sacerdoce, il avait, après s'être voué, non sans éprouver la résistance des siens, à la musique, commencé par produire, en Italie, une série d'œuvres, les unes sérieuses, les autres légères, qui sont aujourd'hui entièrement oubliées. Quant à ses premiers ouvrages français, s'ils présentent un intérêt, c'est surtout, comme plusieurs critiques l'ont indiqué, en ce qu'ils permettent de constater quelle « transformation prodigieuse » révèle, par comparaison avec eux, *la Vestale*. C'est à ce point de vue que Fétis appelait l'attention sur *Julie ou le Pot de fleurs*. Quant à *la Petite Maison*, le caractère un peu trop libre du sujet suscita, de la part du public, des protestations qui firent perdre toute mesure à l'un des interprètes en scène, Elleviou. Il esquissa, à l'adresse des auditeurs, un geste moqueur qui, mettant le comble au désordre, déchaîna un affreux tumulte. L'ouvrage ne put être achevé.

Spontini avait eu Jouy comme collaborateur pour son acte de *Milton*. Ce fut Jouy, ainsi mis en relation avec le musicien, qui lui proposa le livret de *la Vestale*, que Cherubini avait refusé. Ce n'est pas sans de grandes difficultés que l'œuvre, à l'Opéra, put arriver à être représentée. Sans la protection de Joséphine, dont Spontini dirigeait la « Musique », sans la volonté, impérieusement exprimée de Napoléon, *la Vestale* n'eut peut-être jamais vu, comme on dit, « le feu de la rampe », et le maître eût dû reculer devant les animosités, les machinations, les cabales de toute espèce. L'administration se plaignait des « frais énormes de copie » nécessités par « les remaniements dans l'instrumentation, les suppressions, les réinstallations des phrases, les transpositions ». La presse (et notamment, parmi les journalistes en crédit, Geoffroy) était peu favorablement disposée. Quant au monde musical, très malveillant, en général, envers les Italiens, dont il dénonçait, alors, l' « invasion », il en voulait spécialement à Spontini. Ceux que Berlioz appelle plaisamment « les rapins contrepointistes » avaient résolu de faire tomber sa pièce, et ils devaient, à la suite d'une sorte de complot, se livrer, le soir de la première, à des bâillements simultanés, puis, pour accuser plus positivement encore le prétendu caractère soporifique de cette musique, se coiffer tous ensemble de bonnets de nuit, apportés à cet effet dans leurs poches.

En dépit de ces criailleries et de ces intrigues, cette première fut un triomphe splendide. Il est vrai que l'auteur avait eu l'heureuse chance de rencontrer des interprètes supérieurs, surtout Mme Branchu, avec sa voix « pleine et retentissante, douce et forte, capable de dominer les chœurs et l'orchestre », avec ses dons aussi de grande et pathétique « tragédienne » ; et Dérivis, dont l'organe était « formidable », la diction remarquablement dramatique, le geste « savant et majestueux ».

Ce dernier était alors jeune et sans réputation, et ce ne fut pas à lui que, tout d'abord, on pensa pour le personnage du pontife. Celui qu'on avait choisi satisfaisait peu Spontini, qui, un jour, à une répétition, lui arracha, dit-on, d'impatience, le rôle des mains et le jeta au feu. Dérivis, au risque d'être brûlé, se précipitant dessus, le ramassa en s'écriant : « Je l'ai sauvé; je le garde. — Il est à toi, répondit le maître, et je suis sûr que tu seras digne de lui. »

La Vestale a, en somme, sa place marquée sur la liste des œuvres de premier ordre. Elle a été admirée par les juges les plus difficiles à contenter, entre autres Weber, qui déclarait le duo de Licinius et du Grand Prêtre « un des plus étonnants qu'il connût ». D'autre part, on sait jusqu'où allait l'enthousiasme de Berlioz pour cette partition, où il voyait à chaque page l'empreinte du génie.

Et cependant l'opposition, sur le moment, ne désarma pas. Le fondateur des *Tablettes de Polymnie*, Garaudé (son nom s'est déjà rencontré dans ces pages) continua, même après le succès, d'attaquer violemment Spontini. Nous avons retrouvé l'article où il ne craint pas d'avancer que la *Vestale* est « en général impurement écrite » et « remplie de barbarismes ». D'autres s'y prirent différemment, et ne pouvant guère contester la valeur de l'œuvre, affectèrent d'insinuer que Spontini n'en était pas le véritable auteur, qu'il n'avait été que l' « acquéreur » du manuscrit, dû en réalité à un compositeur allemand, — qu'on ne nommait pas, — et qui, prétendait-on, était, quelque temps auparavant, mort de misère à Paris. Cette absurdité, bien des années après, fut de nouveau soutenue, à Berlin, par Rellstab, lors de la fameuse polémique dont nous dirons un mot tout à l'heure.

La réussite de *Fernand Cortez* ne fut guère inférieure à

celle de *la Vestale*. La critique éclairée en a, depuis longtemps, loué « le coloris étrange et charmant, l'expression si fine et si tendre, les heureuses hardiesses ». Un journal du temps, en déclarant les chœurs « bien faits », vantait principalement « l'air du premier acte chanté par Mme Branchu, et le trio sans accompagnement du 3e acte, chanté par MM. Nourrit, Albert et Laforêt ». Le même article assure que « les décorations, les costumes, la danse, les évolutions, contribuent à la magie du spectacle », et il conclut en affirmant que « cet opéra doit attirer par l'ensemble avec lequel il est établi ».

On ne parodie que ce qui réussit. Nous avons, dans une revue de l'époque, découvert l'analyse d'une parodie de *Fernand Cortez*, parodie où, comme on va le voir, on insistait sur le développement décoratif, exagéré au gré de quelques-uns, du spectacle. Cette plaisanterie, représentée au Vaudeville, était intitulée: *Fernand Cortez ou le Grand Opéra de province*. A titre de curiosité, nous en transcrirons textuellement le résumé : « M. Télescope, directeur d'une troupe de province, veut faire jouer *Fernand Cortez*, mais il n'a ni le poème, ni la musique. — Il prend le *Cortez* de Piron, et s'apprête à l'habiller de vieilles partitions pour en faire un opéra nouveau. De l'embarras qu'il éprouve naissent des facéties et des critiques assez amusantes. Heureusement pour ce pauvre directeur qu'un jeune homme de Paris arrive avec la pièce nouvelle et la partition. Il n'y a plus qu'à trouver des sujets et des chevaux, car les chevaux sont aussi indispensables que les acteurs dans *Fernand*

Cortez. Précisément une troupe d'écuyers qui enlevaient une partie des spectateurs aux comédiens et qui avaient débauché Mlle Devergondilly, fille du directeur, font la paix avec leurs ennemis et se réunissent à eux. — On a beaucoup ri de voir une charge de cavalerie exécutée par des ânes ; le tailleur de la troupe en grand prêtre, etc., etc. ».

Somme toute, et malgré les beautés répandues dans son troisième grand ouvrage, *Olympie*, ainsi que dans quelques-unes des œuvres subséquentes que nous aurons à mentionner tout à l'heure, c'est surtout par *la Vestale* et par *Cortez* que Spontini s'est imposé à l'admiration de ses contemporains et de la postérité. C'est là qu'il apparaît comme un musicien, à beaucoup d'égards original. Dans sa manière d'écrire, qui n'échappe pas à tout reproche, il y a fréquemment de la hardiesse et de la nouveauté. Il module avec ingéniosité, et il fit, l'un des premiers, un usage intéressant de l'enharmonie. Son orchestration, on l'a dit à bon droit, « ne procède d'aucune autre ». Très puissante, elle emprunte une partie de son coloris à l'emploi habile des instruments à vent.

Directeur, un moment, du Théâtre-Italien, Spontini fit connaître aux Parisiens *Don Giovanni*, mais, comme on l'a remarqué, il ne subit à aucun degré l'influence de Mozart, — ni plus tard, celle d'aucun autre compositeur allemand, lors de son long séjour en Allemagne.

A partir d'une certaine date, en effet, il fut placé à la tête de la musique du roi de Prusse, — avec lequel, par parenthèse, se ressouvenant de ses anciennes études pour le sacerdoce, il correspondait fréquemment en latin. Outre des morceaux pour la Garde prussienne, il écrivit à Berlin *Alcidor* et *Agnès de Hohenstaufen*, cause des articles injurieux insérés par Rellstab dans *la Gazette de Voss*, et que nous signalions en passant tout à l'heure. Spontini réussit d'ailleurs à faire condamner son détracteur à la prison. Il eut, dans la capitale de la Prusse, une part importante aux progrès qu'y réalisa alors la culture de l'art vocal. Il y acquit également beaucoup d'autorité comme chef d'orchestre, — ce qui ne l'empêcha pas du reste, à la suite des manques de tact qui l'avaient à la longue couvert d'impopularité, d'être obligé, en présence de manifestations bruyantes, d'abandonner un jour le pupitre, alors qu'il était en train de conduire *Don Juan*. Il s'était, en résumé, à force de maladresses accumulées comme à plaisir, rendu à peu près impossible. Il revint à Paris, passablement aigri, envieux, selon ce que raconte Heine, des victoires de Meyerbeer, contre lequel il exhalait des imprécations tragi-comiques; de plus, il était devenu sourd, et sa mémoire s'était fort affaiblie. Il trouvait par bonheur un soulagement à ses tristesses et à ses infirmités dans l'affection fidèle et dévouée de sa femme, nièce de Sébastien Érard, femme d'un cœur exquis et d'un esprit fort distingué.

Il avait été comblé d'honneurs, en France d'abord, puis en Allemagne où des Universités l'avaient nommé docteur *honoris causa*, et où il avait reçu l'ordre prussien « Pour le Mérite ». Le Pape, lui avait conféré un titre de comte romain....

Mais, en sa vieillesse assombrie, tout cela ne le consolait pas du succès des *Huguenots*.

* * *

S'il n'était pas absolument un étranger, comme quelques-uns des musiciens parvenus, dans cette période, à l'Institut, on peut du moins dire de Georges Onslow qu'il n'était qu'à moitié Français, — par sa mère, une descendante de Brantôme, douée de beaucoup de grâce et d'un esprit très délicat. Son père appartenait à une famille anglaise fort aisée, ayant eu un de ses membres au Parlement, établie un moment en Amérique, et revenue ensuite en Grande-Bretagne. Fixé, depuis son mariage, en Auvergne, il retournait parfois à Londres, et ce fût même là que se fit en partie l'éducation musicale de son fils, qui reçut dans cette ville l'enseignement de Dussek et de Cramer. Halévy nous l'a montré, après ses premiers succès, rentrant « en triomphateur et traînant après lui... le premier piano dont les échos du Puy-de-Dôme devaient répéter l'harmonie ».

C'est dans le même joli fragment qu'Halévy définissant spirituellement le piano le nomme « le confident, l'ami du compositeur, ami rare et discret, qui ne parle que quand on l'interroge et sait se taire à propos ».

En Auvergne, lieu habituel de sa résidence, au moins durant la saison d'été, Onslow passa peu à peu à l'état de gloire locale. En feuilletant la collection du *Moniteur*, nous y avons trouvé, à la date du 6 octobre 1853, la reproduction d'un article nécrologique du *Journal du Puy-de-Dôme*, où le compositeur est appelé, sans doute avec un peu de complaisance, *une de nos grandes illustrations musicales*. On le déclarait, d'ailleurs, dans le même article « aussi distingué par ses qualités privées que par ses talents », et l'on parlait des vifs regrets que tout le pays avait ressentis en apprenant qu'il venait de s'éteindre « dans les bras de sa famille éplorée ».

Tout d'abord simple amateur, Onslow était promptement arrivé à se faire considérer comme un véritable artiste. Au théâtre, à la vérité, il ne réussit qu'à demi. Écrit sur un livret médiocre, *l'Alcade de la Vega* sembla l'œuvre d'un homme assez peu doué pour le genre dramatique. De même en fut-il du *Duc de Guise*, ouvrage froid et non exempt de lourdeur, recommandable toutefois par un sérieux mérite de facture. C'est en somme *le Colporteur* qui, parmi les essais scéniques d'Onslow, paraît avoir été le plus favorablement apprécié des connaisseurs.

Mais ce fut, en réalité, à la musique instrumentale qu'il dut le meilleur de sa réputation. Ses quintettes, en particulier, ont été estimés ; il n'en a pas produit moins de trentre-quatre, auxquels il faut joindre trente-six quatuors, sept œuvres de trios pour piano, violon et violoncelle, etc. On faisait cas de ces morceaux en Allemagne ; on en publia des éditions à Leipzig, à Bonn, à Mayence. Cette musique de chambre est, en général, ingénieusement traitée, mais, dépourvue de vif relief, elle était jugée « ennuyeuse » par certains auditeurs, — entre lesquels on peut citer Delacroix, ainsi que le fait voir une courte mention inscrite dans son *Journal*.

Onslow a également donné trois symphonies. L'une d'elles lui valut, de la part de Cherubini, que, par parenthèse, il devait remplacer à l'Institut, une attention flatteuse. On exécutait cet ouvrage au Conservatoire. Cherubini fut, dit-on, « frappé de l'élégance d'un passage dans lequel les instruments dialoguaient avec une grâce correcte et ingénieuse ». Le concert achevé, l'auteur des *Deux Journées*, sans dire un mot, s'approcha de la partition demeurée sur le pupitre d'Habeneck, chercha la page qui l'avait intéressé, la détacha et l'emporta. Rentré chez lui, il copia de sa main la feuille toute entière, et plaça l'original dans un album. Quant à la copie qu'il avait faite, il donna l'ordre de la porter à Onslow, en lui disant, pour expliquer l'échange, que « depuis longtemps il désirait avoir un autographe de lui ».

***

Quoique le talent d'Adolphe Adam, improvisateur aimable et brillant, parfois un peu vulgaire, n'eût rien de bien possitivement « académique », l'éclat de ses succès, qui avaient rendu son nom, pour ainsi dire, populaire, le désignait suffisamment aux suffrages de la quatrième classe de l'Institut, dont, en la période qui nous occupe, il fut, dans la section de musique, le dernier élu. Il était le fils d'un excellent musicien alsacien, compositeur estimable, très versé dans la connaissance de Händel, de Sébastien et d'Emmanuel Bach, de Mozart, de Clementi, qui joua un rôle important dans l'enseignement du piano, et fut, notamment, le maître de Kalkbrenner et d'Hérold ; il avait été, sous l'Empire, le professeur à la mode, et avait compté parmi ses élèves les enfants de Murat. Sa *Méthode*, souvent réimprimée, a été adaptée en allemand par Czerny.

Fils de cet homme distingué, Adolphe Adam ne fut pas, tout d'abord, destiné à la musique. On le plaça, pour faire ses études, dans des institutions alors en vogue, la pension Hix, rue Matignon (par laquelle avait passé Hérold), et plus tard, à Belleville, celle de Gersin, dont la fille, devenue par la suite Mme Benincori, enseigna au futur compositeur les éléments de l'art musical.

La jeunesse d'Adolphe Adam fut, en somme, assez peu studieuse. Quand, poussé par la vocation, il eut obtenu d'entrer au Conservatoire, il n'y fit point preuve de beaucoup d'application. Dans la classe d'orgue de Benoît, il prit goût à l'improvisation, mais il la pratiquait fort librement, et quant à la fugue, il la jugeait, selon sa propre expression « peu récréative ». Ses travaux, asssez superficiels, de contrepoint écrit, furent dirigés par Eller, un « brave Allemand », très pauvre, qui avait pour caractéristique un grand dédain pour Catel. Adam a tracé un amusant croquis de cet original : « La dernière année de sa vie, il donnait ses leçons chez lui, à un quatrième étage de la rue de Bellefond. Un jour que nous allions chez lui, nous le trouvâmes dans sa cour, où il venait de fendre du bois ; il s'apprêtait à monter une lourde charge à son quatrième. Nous voulûmes l'aider : « Laissez donc, fit-il, depuis que je suis à Paris, « j'ai appris à m'accoutumer à tout, — à tout, entendez-« vous ? excepté à la musique de M. Catel. »

Adam, un peu plus tard, fit de réels progrès lorsqu'il fut entré dans la classe de Boieldieu. Il y avait, comme on l'a fait observer, beaucoup d'affinité entre le disciple et le maître, l'un et l'autre mélodistes, et supérieurement doués pour la scène. En 1824, Adam concourut pour le prix de Rome. Il obtint une mention, avec une cantate dont le sujet était *Agnès Sorel.* Comme celle dont il a été question à propos d'Halévy, cette cantate, dont nous possédons un exemplaire, n'était qu'un long solo, comprenant des récitatifs, un *Cantabile,* un *Agitato,* et un *Air de mouvement.* On y entendait l'héroïne s'écrier :

> Oubliant pour Agnès et le trône et la gloire,
> Quand l'étranger, maître de nos remparts,
> Voit les lis abattus devant les léopards,
> Charles brigue une autre victoire ;
> Il la cherche dans mes regards....

La scène exerçait sur Adam, dès cette époque, une invincible attraction. Ce fut sous une forme assez bizarre qu'il fit connaissance avec le monde du théâtre : au Gymnase, où l'on représentait alors des ouvrages musicaux, il fut agréé comme triangle, avec un cachet de deux francs qu'il devait au reste abandonner en totalité à un certain Duchaume, par l'intermédiaire duquel il avait obtenu cette situation. Il ne tarda pas à remplacer ce Duchaume, sorte de factotum, qui, moyennant des appointements de cinquante francs par mois, était tout ensemble, au Gymnase, bibliothécaire, copiste, timbalier et chef des chœurs. Cela faisait, comme l'a plaisamment remarqué Halévy, quatre fonctions bien distinctes, rétribuées chacune à raison d'un peu plus de douze francs.

C'est Halévy aussi qui a rapporté quel mauvais succès obtinrent deux des tentatives d'Adam en vue d'échapper au service militaire. Il avait, à cet effet, sollicité l'appui de Cherubini, espérant qu'il *attesterait* ses « aptitudes exceptionnelles ». Cherubini se contenta d'*attester* « qu'il avait suivi exactement les classes du Conservatoire ». Il voulut alors recourir à Dupuytren qui l'avait soigné pour un mal à la main, et qui, à ce qu'il croyait, signalerait la faiblesse pouvant en résulter comme le rendant impropre au service. Mais le chirurgien certifia seulement « qu'il l'avait opéré d'une tumeur au doigt *dont il était parfaitement guéri* ». Fort heureusement pour Adam, ainsi déçu doublement, sa petite taille et sa myopie lui constituèrent, aux yeux de l'Administration compétente, des excuses suffisamment valables.

D'abord simple auteur de couplets, d'ailleurs pleins d'entrain et de verve, pour des vaudevilles, et de fantaisies et variations sur des opéras « favoris », Adam se fit promptement une réputation étendue par ses opéras-comiques, d'une grâce facile, d'un genre accessible, et dont les airs bien rythmés se gravaient instantanément dans toutes les mémoires. Ses productions sont extrêmement nombreuses.

Nous nous bornerons à rappeler les principales, dont plusieurs, un moment l'objet de l'engouement général, et encore fort connues en France, sont demeurées au répertoire des scènes lyriques de l'Allemagne : *le Chalet, le Postillon de Lonjumeau, le Brasseur de Preston, le Toréador, Giralda, la Poupée de Nuremberg, Si j'étais roi, le Bijou perdu*, etc., etc. Quelques-uns de ses ballets n'ont pas obtenu une réussite moindre, et l'on a pendant longtemps considéré comme « charmantes » les danses de *la Fille du Danube*, de *Giselle*, du *Corsaire*, etc.

Le point de vue, en musique, a beaucoup changé depuis cinquante ans. Il est piquant, à cet égard, de relire les vieux comptes-rendus des critiques. C'est ainsi qu'à propos de *Giralda*, nous avons retrouvé un article du temps où, après avoir vanté la « muse » d'Adam, « cette muse à la jambe fine, à la taille cambrée, aux joyeuses allures », on le félicitait de ce dont peut-être, aujourd'hui, on lui ferait un grief, c'est-à-dire « d'avoir composé de la musique française sur un sujet espagnol », et, « en face de ces costumes castillans, de ces basquines et de ces éventails », d'avoir « échappé à l'écueil des castagnettes, des tambours de basque et des boléros ».

D'autre part, dans sa *Messe solennelle* que Fétis a déclarée « bonne partout ailleurs qu'à l'église », Elwart croyait reconnaître « la main habile d'un grand maître » traçant sans effort « de magnifiques choses ».

Ce qui était surtout surprenant chez Adam, c'était sa facultés d'adroit et fécond improvisateur. *Le Toréador* fut, dit-on, écrit en six jours. Dans une autre circonstance, lors de son passage à Berlin, il fit, pour ainsi dire en quelques heures, à la requête du roi, un ouvrage assez développé. Cela valut au compositeur français une ovation, avec cortège aux flambeaux, et sérénade, sur des airs de ses opéras, exécutée sous ses fenêtres, comme il l'a raconté lui-même, « par une admirable musique militaire ».

Nous n'avons point parlé jusqu'ici d'un épisode assez triste dans la carrière d'Adam, sa fondation de *l'Opéra-National*, bientôt fermé par suite des événements de 1848. Cette entreprise malheureuse, après avoir englouti ses économies, le laissa, finalement, chargé d'une grosse dette. Dans la situation fâcheuse où il se trouvait, il fut trop heureux de trouver une ressource, grâce au général Cavaignac, par sa nomination de professeur de composition au Conservatoire. On sait du reste avec quelle ardeur il s'appliqua (et il y réussit) à désintéresser ses créanciers.

Ecrivain, Adam a fait preuve de souplesse et d'agilité d'esprit. Il y a de très agréables pages dans ses articles sur Hérold, Rameau, Rossini, et dans ses « fantaisies » assez ingénieuses, telles, par exemple, que *le Violon de fer blanc*.

Adam adorait le travail. Il remerciait Dieu de lui avoir donné ce goût, cette constante « ardeur ». Relativement à cette infatigable opiniâtreté dans le labeur, il disait, non sans une certaine bonne grâce : « Je n'y ai pas grand mérite, car c'est la seule chose qui me plaise ».

VI

SECRÉTAIRE PERPÉTUEL : Raoul Rochette (1789-1854).

Le troisième secrétaire perpétuel de l'Académie des Beaux-Arts, Raoul Rochette, a été, pendant une partie de sa vie, l'objet d'attaques assez vives. Lui-même d'ailleurs, selon l'observation de Paulin Pâris, avait du goût pour la polémique, y mettait une ardeur passionnée et parfois une sorte de hardiesse non exempt d'imprudence. Ses conflits avec Letronne, en particulier, sont demeurés célèbres.

Il eut constamment pour lui l'opinion des salons, en ce temps-là fort amateurs des choses de l'érudition. On y appréciait ce savant, très « homme du monde », qui était, a dit Saint-Beuve, « bien de sa personne et le sachant ». Il fut un causeur brillant et aussi un professeur fort écouté, dans la chaire de Guizot qu'il remplaça, puis au cours d'Archéologie de la Bibliothèque. Il était, a encore écrit Sainte-Beuve, « beau diseur », et, en son « éloquence décorative », il y avait « de la pompe, de la dignité, du grandiose ». Dans les fragments que nous avons eu à citer de ses *Eloges*, nos lecteurs ont pu se faire une idée de son style. Ses qualités d'écrivain se retrouvent dans ses livres de science, *l'Histoire critique de l'établissement des colonies grecques*, les *Lettres archéologiques sur la peinture des Grecs*, dans ses nombreux mémoires sur les différents arts antiques, etc.

Son activité était très soutenue. Membre de la Société des Bonnes lettres, de la Société asiatique, de la Commission de Morée, il a participé utilement à une foule d'œuvres et d'entreprises savantes. Grand travailleur, il s'était formé une riche bibliothèque, dans laquelle il se plaisait à s'enfermer, ce qui ne l'empêchait point, au reste, d'être, comme nous l'avons dit tout à l'heure, fort répandu dans la société parisienne, et de fréquenter assidûment les Italiens et les Français.

Il avait épousé Claudine Houdon, l'une des filles du sculpteur, belle personne d'autant de mérite que de beauté, et dont la sœur, Joséphine, mariée au graveur Calamata, a fait preuve, en peinture, d'un talent délicat.

Raoul Rochette éprouva, dans une carrière d'ailleurs assez heureuse, un grand chagrin. Il avait été nommé, à la Bibliothèque, conservateur des médailles. Un vol considérable y eut lieu. Le voleur était un forçat en rupture de ban, Fossart. Raoul Rochette, à la suite de ce fâcheux incident, fut vivement pris à partie dans la presse. Ces manifestations de la malveillance l'impressionnèrent profondément. On essaya de le rendre ridicule. On s'égaya, dans certains journaux, de voir, après coup, « garnir de barres de fer les fenêtres du cabinet volé », quoique, comme on le faisait observer, « il ne fût pas vraisemblable que les larrons eussent le projet de revenir de nuit pour restituer leur larcin ». Henri Heine, dans une de ses piquantes correspondances allemandes, s'occupa de cette affaire, et, par allusion au caractère un peu suffisant et avantageux du savant, prétendit que « M. Raoul Rochette, le conservateur des médailles volées, devait bien s'étonner que les voleurs ne l'eussent pas volé lui-même, lui qui s'était toujours attaché plus d'importance qu'aux médailles ».

Le nouveau secrétaire perpétuel de l'Académie des beaux-arts était très friand de distinctions honorifiques, et notamment de décorations. Il en portait toujours une grande quantité sur son uniforme de membre de l'Institut. Aussi, par une plaisanterie familière à ses collègues, était-il souvent désigné, au Palais Mazarin, sous la malicieuse appellation de « Raoul Brochette ».

VII

MEMBRES LIBRES : Le comte de Clarac (1777-1847. — A. L. Dumont (1790-1853). — Le comte de Montalivet (1801-1880). — Le comte d'Houdetot (1778-1859). — Le comte de Rambuteau (1781-1869). — De Cailleux (1787-1876). — Le comte Duchatel (1801-1867). — Le baron Taylor (1789-1879).

Dans la « section » des membres libres, il ne se produisit pas de vacances jusqu'à l'année 1838. A cette date, pour remplacer Castellan, l'Académie fit choix du comte de Clarac, né d'une ancienne famille de Gascogne, qui, par parenthèse, était destinée à s'éteindre avec lui. Alfred Maury, qui fut le continuateur d'un de ses travaux, a déclaré qu'il ne fut qu'un amateur : — un amateur, en tout cas, comme on le verra ci-dessous, aussi compétent que laborieux.

Son père, maréchal de camp sous l'ancien régime, l'emmena dans l'émigration, pendant laquelle il put faire certaines études en Suisse, en Allemagne, et surtout, poussé déjà par l'instinct des arts, en Italie. Mais ces premiers travaux furent interrompus par l'obligation de servir dans l'armée de Condé, où, lieutenant de cavalerie, il remplit les fonctions d'officier d'ordonnance du duc d'Enghien. Il occupa ensuite un grade, au service du tsar, dans un régiment de hussards russes. Mais le goût des armes était peu développé en lui. Ses préférences le portaient vers l'archéologie, ainsi que vers les sciences naturelles, et aussi l'étude des langues : il arriva à savoir à fond l'allemand, l'anglais, l'italien, le polonais, et plus tard le portugais.

L'amnistie prononcée par le premier Consul lui rouvrit la France. Sans fortune, et obligé de se créer une position, il accepta celle d'instituteur des enfants de Caroline Murat. C'étaient Larcher et Sainte-Croix qui l'avaient désigné pour ce poste. Il profita de son séjour en Italie pour approfondir les questions qui le passionnaient. Il dirigea les fouilles de Pompéi, et publia à ce sujet, dans le *Journal de Naples*, une série d'articles substantiels, réunis, depuis, en un volume devenu rarissime.

Plus tard il accompagna le duc de Luxembourg dans son ambassade au Brésil; il visita ensuite la Guyane et les Antilles, et rapporta de ce lointain voyage une magnifique collection de curieux dessins, qu'il eut l'occasion de montrer chez lui à beaucoup de connaisseurs, mais qui malheureusement ont été dispersés après sa mort. On a raconté qu'Alexandre de Humboldt, spécialement qualifié pour porter un tel jugement, considérait comme « la reproduction la plus fidèle qu'il eût rencontrée de la végétation du Nouveau Monde » un de ces dessins, une *Vue d'une forêt vierge* sur les bords du Rio-Benito.

Une grande satisfaction attendait Clarac à son retour : on lui confia la succession de Visconti au Musée des Antiques. Dans cette situation, il déploya un grand zèle. Son *Catalogue des statues et bas-reliefs* confiés à sa garde, est un travail des plus sérieux, où se marque une connaissance solide de l'art et du monde antiques.

Mais sa publication la plus importante est son *Musée de sculpture*, commencé en 1826, et qu'il n'eut pas le temps de finir. C'est, a-t-on dit, « un vaste répertoire des monuments de la sculpture ancienne », comprenant les statues, bustes et bas-reliefs non seulement du Louvre, mais encore des principaux musées de l'Europe et des collections particulières les plus connues. Il avait, pour préparer cette grande œuvre, accompli plusieurs excursions en différents pays.

Les savants, ses contemporains, avaient beaucoup d'estime pour son caractère, fort désintéressé, pour son obligeance, aussi bien que pour sa sincère modestie ; exempt de toute prétention, il ne rougissait pas de demander des conseils, et, au besoin, d'avouer ses méprises. En dépit de ce qui pouvait lui manquer, suivant Alfred Maury, sous le rapport de la « profondeur » et de la « sagacité », il est incontestable que, par son labeur opiniâtre, il a fortement contribué à répandre en France la notion et le goût de l'art de l'antiquité.

※
※ ※

Sur la liste des membres libres figura, une année après l'élection de Clarac, un homme dont la notoriété paraît avoir été extrêmement restreinte : Aristide-Laurent Dumont. Son nom est omis dans les dictionnaires, et nous ne l'avons rencontré dans aucun document de l'époque. Le 7 octobre 1853, *les Débats* se bornèrent à annoncer en quelques lignes sa mort, la date et l'heure de ses obsèques. Deux jours après, une autre note tout aussi brève donnait le compte rendu sommaire des funérailles : « Le corps a été conduit à l'église Saint-Germain-des-Prés et de là au Père-Lachaise. Les cordons du poêle étaient tenus par MM. Forster, Aug. Dumont, le baron Taylor, membres de l'Institut, et par M. Emery, professeur à l'École des Beaux-Arts. »

La présence de ce dernier était motivée par ce fait que Dumont, jadis chef de bureau au Ministère de l'Intérieur, avait été ensuite secrétaire de cette École. On sait en quoi consiste aujourd'hui cette fonction. D'après le décret de 1863, complété par le règlement de 1864, le secrétaire « est chargé, sous l'autorité et le contrôle du directeur, de tous les travaux qui se rapportent à l'administration de l'École, et remplit en outre les fonctions d'agent comptable ». A l'époque où Dumont appartint au personnel de l'École, elle était placée sous un autre régime, déterminé par l'ordonnance royale de 1819. Elle avait alors à sa tête, non un directeur, mais l'assemblée générale des professeurs. L'administration proprement dite était confiée à un président nommé pour une année ; à un vice-président élu par l'assemblée des professeurs, et qui, au bout d'un an, passait président ; au président sorti de fonctions ; *au secrétaire*, et à l'un des membres de la section d'architecture. On voit quelle pouvait être, au temps de Dumont, l'importance des attributions dont il fut investi. Il ne semble pas, au reste, qu'aucun souvenir particulier se rattache à son passage à l'École. Nous n'en avons du moins trouvé nulle trace dans les ouvrages spéciaux, l'excellent *Guide de l'École nationale des Beaux-Arts*, de M. Eugène Müntz, le livre volumineux de M. A. Lemaistre, etc., etc.

Dans le premier des courts articles des *Débats* que nous avons signalés, Dumont est, en dehors de ses titres administratifs, qualifié de « peintre ». Il ne s'occupa, en tout cas, de peinture qu'en amateur. M. de Franqueville, toujours si minutieusement informé, ne cite, à cet égard, aucune œuvre de lui.

* *

Ce fut surtout comme intendant général de la Liste civile que le comte de Montalivet eut l'occasion de rendre aux Beaux-Arts les services qui lui valurent sa nomination comme membre libre : la création du Musée de Versailles, l'agrandissement de celui du Louvre, la restauration de plusieurs palais nationaux. En tant que ministre de l'Intérieur, également, — il le fut à diverses reprises, — il ordonna la construction ou l'achèvement de nombreux monuments.

Son père avait été ministre de Napoléon. Quant à lui, élève de l'École polytechnique, puis ingénieur des Ponts et Chaussées, pair de France à vingt-cinq ans, dès 1826, il eut, comme homme politique, sous le règne de Louis-Philippe, une carrière des plus actives. On sait qu'il rentra dans la vie privée en 1848. Il se tint longtemps à l'écart, mais, vers la fin de sa vie, se rallia à la République et devint sénateur inamovible.

Il a publié divers ouvrages, consacrés à des sujets politiques, et que nous n'avons pas à analyser ici. Nous indiquerons seulement, comme d'un intérêt plus général, l'agréable opuscule qu'il donna à soixante-dix-sept ans, et qui est intitulé : *Un heureux coin de terre*. L'exemplaire de la Bibliothèque, qui est catalogué parmi les « Dons », porte une dédicace manuscrite de l'auteur à cet établissement. Dans ces pages tracées avec une sorte de grâce simple, M. de Montalivet expose quelles transformations, dans le sens de l'enrichissement et de la prospérité, ont subies sous ses yeux, en soixante ans, par l'effet de l'esprit de labeur et d'épargne des habitants, deux cantons du Cher, son pays : Saint-Bouize et Couargues. Cet écrit fut très remarqué, lors de son apparition. L'auteur, par les appréciations qu'il émet en passant sur les événements de notre histoire, s'y montre profondément imbu des doctrines du plus pur « libéralisme ».

* * *

Ce fut de même une carrière administrative des plus laborieuses que celle de M. d'Houdetot, que son réel talent de peintre, cultivé avec persévérance au milieu de travaux d'ordre très différent, devait faire parvenir, en 1841, à l'Académie des Beaux-Arts. Comme quelques-uns des membres libres dont les portraits figurent dans notre précédent volume, il portait un nom historique. Un de ses ancêtres avait été, lors de la conquête de l'Angleterre, le compagnon du duc Guillaume de Normandie, et son grand père, César d'Houdetot, général sous Louis XV, avait contribué à la victoire de Fontenoy. La femme de ce dernier, par parenthèse, fut cette Sophie d'Houdetot, qui écrivait des vers d'un charme si délicat, et que Rousseau a immortalisée dans des pages à propos desquelles, au reste, elle-même a dit spirituellement « que si la vérité manquait aux confessions de cet auteur, elle était plus altérée encore lorsqu'il faisait la confession des autres ».

De César et de Sophie naquit César-Ange d'Houdetot, militaire comme son père, commandant de l'Ile-de-France et de la Martinique pendant les guerres de la Révolution et de l'Empire, et qui se maria deux fois (c'est à l'une de ses femmes que l'on attribue cette réponse exquise : « Je me regrette », un jour qu'elle était songeuse et qu'on lui demandait : « A quoi rêvez-vous? »). De son premier mariage était né le futur membre de l'Institut, Christophe d'Houdetot, conscrit en 1798, tout d'abord canonnier, et que son goût pour les arts fit passer ensuite par les ateliers de Regnault et de David. Son esprit se forma dans le salon de sa grand'mère, où l'on causait avec autant de sérieux que d'agrément, et où il acquit tout ensemble la sûreté et la finesse du jugement.

Apte à beaucoup de choses, et, en 1806, devenu auditeur, il fut, en Prusse, après Iéna, placé à la tête de l'administration des contributions directes. Il déploya, dans ce poste, une rare capacité, et par ses ménagements envers les vaincus, s'attira l'estime et la gratitude de la société de Berlin. Nous le trouvons, un peu plus tard, préfet du Gard, puis adroit et utile auxiliaire de Bernadotte, en 1809, et du général Maison, après le désastre de Leipzig. A la seconde Restauration, il fut nommé préfet du Calvados, alors occupé par les Prussiens. Là encore, il montra beaucoup d'énergie et d'habileté, sut empêcher les excès des royalistes fanatiques, et, entre temps, sauva Grouchy, en prenant sur lui de le faire avertir que l'ordre était donné de l'arrêter. Il fut ensuite pair de France, puis député du Calvados, en 1849, à la Législative, et, sous le Second Empire, à la Chambre.

Un mot suffira à faire concevoir la valeur des peintures que, dans sa vie si active, il avait encore trouvé le temps d'exécuter; ce mot, nous le rencontrons dans le journal d'Eugène Delacroix, où figure cette note intime : « La peinture de M. d'Houdetot m'a fait le plus grand effet. Y penser », et, un peu plus bas : « Penser beaucoup au dessin et au style de M. d'Houdetot. » Il est aisé de mesurer tout le prix d'un pareil éloge, donné, sous cette forme, par un tel maître.

* * *

Préfet de la Seine comme Chabrol, Rambuteau, ainsi que lui, entra à l'Institut, et pour le même motif, à savoir le zèle et le goût dont il avait fait preuve dans l'administration de la capitale.

Appartenant à une famille noble de Bourgogne, Rambuteau avait épousé la fille du comte Louis de Narbonne. Sous Napoléon, il jouit d'une faveur méritée, fut chambellan de l'empereur, envoyé en mission extraordinaire auprès du roi de Westphalie, et ensuite nommé à l'importante préfecture du Simplon. Quand vinrent les temps difficiles, il rendit de grands services, notamment au moment de la retraite de l'armée d'Italie. Les évènements douloureux de 1815 le trouvèrent à la préfecture de la Loire. Il fut à la hauteur des circonstances, fit fabriquer à Saint-Étienne huit cents fusils par jour, et forma quatre bataillons de mobiles qu'il conduisit en personne au maréchal Augereau, chargé de la défense de ces régions.

Sa réputation d'administrateur hors ligne était si bien établie que le gouvernement de la Restauration, malgré les sympathies qu'il avait montrées au régime déchu, le maintint tout d'abord en fonctions. Le département, peu après, dans une sorte d'élan de la gratitude publique, le nomma député.

Après avoir passé par les préfectures de l'Allier, de l'Aude, du Tarn-et-Garonne, il dut, sous la seconde Restauration, abandonner le service. Il représenta en 1827 le collège électoral de Mâcon. La dynastie d'Orléans en fit un pair de France, et, en 1833, un préfet de la Seine : il devait conserver cette situation jusqu'à la Révolution de 1848.

Dans cet intervalle assez long, on exécuta à Paris, sous son impulsion, des travaux considérables. Les boulevards furent nivelés, les quais et les places plantés d'arbres, l'éclairage au gaz installé dans presque toute la ville, le système des égouts établi ou rectifié sur un développement de cent vingt kilomètres. Vingt-sept boulevards extérieurs furent commencés. Les places de la Concorde et de la Bastille furent modifiées et décorées. Des transformations heureuses s'accomplirent aux faubourgs Saint-Martin et du Temple, et au clos Saint-Lazare. Des quartiers entiers furent assainis.

A l'administration de Rambuteau comme préfet se rattache aussi la construction ou la restauration de monuments nombreux, l'hôpital Lariboisière; les prisons de Mazas et de la Roquette; les fontaines Cuvier, Richelieu, Saint-Sulpice; l'Hôtel de Ville, la Sainte-Chapelle, le Collège de France; les églises de la Madeleine, de Notre-Dame-de-Lorette et de Saint-Vincent-de-Paul.

***

Nous allons bientôt rencontrer sur notre chemin le baron Taylor, un des « membres libres » à coup sûr, qui se sont le plus distingués par leurs travaux, par leur incessant dévouement à l'art et aux artistes. Il fut précédé, à l'Institut, par son ami le meilleur et le plus fidèle, M. de Cailleux, collaborateur actif du baron pour son grand ouvrage : les *Voyages pittoresques et romantiques dans l'ancienne France*.

M. de Cailleux s'était en premier lieu destiné à l'architecture. Il avait été l'élève d'Abadie. Petit-fils, par sa mère, de Laujon, il dut à cette parenté la bienveillance et la protection de François de Neufchâteau « qu'intéressait, selon les expressions de M. Delaborde, tout ce qui se rattachait, de près ou de loin, au passé littéraire de la France ». L'influence déjà acquise par Taylor fut également mise à la disposition du jeune Cailleux et lui devint particulièrement utile lorsque, changeant de carrière, il renonça à l'architecture pour entrer dans l'armée. Nommé lieutenant au deuxième régiment de la Garde Royale, il avait été, par l'entremise d'un ami, attaché à l'état-major du général de Lauriston, alors commandant de la première division de cette Garde. Il fut pris, ultérieurement, comme premier aide de camp par ce général, qui, lorsqu'il reçut le ministère de la Maison du Roi, désigna Cailleux pour remplir les fonctions de Secrétaire-général des Musées,

placés dans les attributions du nouveau ministère.
M. de Cailleux, par la suite, obtint le titre de Directeur
général des Musées, après avoir porté quelque temps
celui de Directeur adjoint.

Dans cette haute situation, il fut, en général, fort bien
vu des artistes... à l'exception de Gros qui le considérait,
non sans quelque raison, comme un « ennemi intime ».
Ce fut à lui que le peintre refusa la commande d'un tableau
relatif à la bataille d'Iéna. Il est vrai qu'on lui avait rapporté que le Directeur des Musées, se trouvant dans la voiture du Roi, avait laissé échapper ces paroles : « Gros est
un homme mort; il n'est plus bon à rien ». Il y eut entre
eux un autre conflit à propos des rallonges rendues nécessaires pour la *Bataille des Pyramides* parce que la toile
n'était pas assez large pour l'emplacement nouveau
qu'on lui destinait. Gros ayant commencé à exécuter ces
rallonges écrivit à M. de Caillieux pour le prier de venir
voir son ouvrage. Le directeur ne se dérangea point et ne
répondit pas. Puis il réclama le tableau sans les rallonges,
et par un message fort sec. Gros, finalement, ne rendit
rien, et garda son œuvre dans son atelier jusqu'à sa mort.
Même après cette mort, il y eut sur ce sujet, entre la Direction des Musées et la baronne Gros, échange d'une correspondance aigre-douce.

Il faut, pour être impartial, ne point omettre de dire qu'à
la suite du discours adressé par Gros à Louis-Philippe au
nom de l'Institut (il est question de cette harangue dans
notre premier volume) M. de Cailleux avait écrit au peintre

mécontent une lettre des plus aimables, lui demandant un tableau sur un sujet à son choix, pris, selon ses préférences, dans l'histoire ou dans l'époque contemporaine. Cette fois, ce fut au tour de Gros de ne pas répondre.

Nous avons dû, afin de n'être pas incomplet, mentionner cet épisode, qui a quelque importance dans la chronique artistique de ce temps. A la vérité, M. de Cailleux n'avait fait que dire tout haut ce que, dans ce déclin de la carrière de Gros, bien des gens pensaient tout bas. M. de Cailleux se montra du reste, dans la position qu'il occupait, un fonctionnaire d'un zèle infatigable, et dont les documents de l'époque sont unanimes à louer « l'austère intégrité ». Son nom demeure surtout attaché à « la conversion du Palais de Versailles en un musée consacré à toutes les gloires de la France ».

*
* *

Membre titulaire de l'Académie des Sciences morales et politiques dès 1842, le comte Duchâtel, un an après M. de Cailleux, en 1846, fut élu membre libre de la Classe des Beaux-Arts. Après avoir eu successivement les portefeuilles de l'Agriculture et des Finances, il avait alors celui de l'Intérieur. L'administration artistique dépendait en ce temps-là de ce ministère; elle fut l'un des objets particuliers de la sollicitude et de l'application de M. Duchâtel, sous l'autorité de qui s'accomplirent, en ce sens, l'acquisition et l'organisation du Musée de Cluny, l'achèvement et la restauration du Palais de Justice à Rouen et de l'église Saint-Ouen dans la même ville, une autre restauration des plus intéressantes, celle du Château de Blois, enfin et surtout l'institution du Comité des Monuments historiques. Comme on l'a dit à l'Institut, « celui à qui revient l'honneur d'avoir eu cette pensée mériterait, à ce seul titre, d'être tenu pour un des mieux inspirés, pour un des plus sensément novateurs parmi les hommes appelés de notre temps au gouvernement des Beaux-Arts. » Il est possible au reste que M. Duchâtel ait été, dans cette utile création, guidé par les conseils de son ami le plus cher, M. Vitet.

M. Duchatel avait l'esprit fort étendu, et cultivé dans les directions les plus diverses. Il en donna, dans la longue maladie à laquelle il devait succomber, une preuve assez inattendue, en étonnant le prêtre dont il recevait les exhortations par la profondeur et la précision de ses connaissances théologiques.

Un important souvenir artistique se rattache au nom du comte Duchatel : celui de la merveilleuse collection de tableaux qu'il avait formée. On a dit de cette galerie, « moins riche par le nombre que par l'excellence des éléments qui la composaient », qu'elle fut l'une des plus précieuses qu'un particulier ait jamais eues en sa possession. En la constituant, M. Duchatel avait témoigné du goût le plus pur et le plus élevé. Elle comprenait des œuvres hors ligne de Memling, de Jean Bellin, d'Holbein, d'Antonio Moro, de Zurbaran, de Ruisdael, de Poussin, de Jérôme Bosch, et, parmi les modernes, de Decamps, de Delacroix, et surtout d'Ingres (notamment *la Source*).

*
* *

Personne ne s'étonna, à l'Institut, lorsqu'on y prononça l'éloge du baron Taylor, d'entendre, à son sujet, évoquer les noms des hommes qui, comme le comte de Caylus ou le duc de Luynes, s'étaient le plus illustrés en favorisant les arts et ceux qui les cultivent. Encore fit-on remarquer qu'une place à part, dans un tel groupe, devait être réservée à Taylor, pour son activité extraordinaire et multiple, pour la diversité de ses aptitudes, et surtout pour la conception originale, dont nul ne s'était avisé avant lui, en vertu de laquelle il réussit à exercer sur les différentes catégories d'artistes une utile et généreuse « tutelle ».

Né à Bruges, en 1789, Taylor, était le fils d'un Irlandais ayant acquis la nationalité française. Sa vie, on l'a dit, à la fois studieuse et active, fut tour à tour celle d'un soldat, d'un artiste, d'un érudit, d'un administrateur. Cet homme qui, tout enfant, avait vu, dans les rues de Nantes, Charette conduit au supplice; qui, adolescent, avait assisté au passage de Napoléon, se rendant, le jour du Sacre, à Notre-Dame, atteignit, dans l'armée, le grade d'officier supérieur; il combattit sous les murs de Paris, en 1815, et, dix ans après, suivit l'expédition d'Espagne.

D'autre part, ses dispositions à la littérature et à l'art s'étaient marquées de bonne heure. Sa famille conservait pieusement le manuscrit d'un « voyage » qu'il rédigea dès son enfance. Il s'agissait tout simplement d'un trajet de Sèvres à Nanterre, mais l'imagination déjà éveillée de l'écolier avait vu, dans la plaine de Gennevilliers, un « paysage immense », et, sur les flancs du mont Valérien d' « énormes précipices »; les taillis de la route lui représentaient, en sa naïveté, « les profondeurs silencieuses et la majesté des forêts ». Le futur archéologue, en lui, s'était même préoccupé des « monuments de Nanterre! »

A la pension, il s'était aussi révélé dramaturge, avec une prédilection pour les sujets sombres et pathétiques. Il avait alors pour camarade Samson, qui lui disait : « Tu feras de beaux drames, et moi je les jouerai. »

Conformément à cette double tendance, il devait, en effet, plus tard, mettre la main à des pièces de théâtre dont quelques-unes ont réussi, et dont l'une même a été jouée deux cents fois, — de même qu'il devait écrire le *Pélerinage à Jérusalem*, *la Syrie et la Judée*, le *Voyage sur la côte d'Afrique*, etc.

Mais son nom, en cette dernière direction, demeura surtout attaché aux *Voyages pittoresques et romantiques dans l'ancienne France*, que nous avons déjà cités à propos de M. de Cailleux; entreprise continuée pendant un fort grand nombre d'années, dans laquelle, indépendamment de Cailleux, il eut des collaborateurs, littérateurs ou artistes, tels que Charles Nodier, Bonington, Grasset, Ingres, Delacroix, Viollet le Duc. Ce vaste ouvrage, pour les planches duquel il sut, avec son habituel esprit d'initiative, tirer un excellent parti de la lithographie, jusqu'alors peu connue en France, a eu, comme on l'a fait remarquer, une part importante dans la renaissance, chez nous, du goût pour les antiquités nationales, que des archéologues fort distingués, comme Mariette ou Choiseul-Gouffier, avaient, précédemment, sacrifiées aux antiquités classiques.

Dans un autre ordre d'idées, et en ce qui concerne la peinture, Taylor qui avait passé par l'atelier de décoration de Degatti, s'associa avec Daguerre pour la création intéressante du « Diorama », de même qu'avec Pierre Alaux il fonda un véritable théâtre, le « Panorama dramatique », prêtant à son ami un concours administratif, lui fournissant en outre des drames, des comédies, des pantomimes. Une particularité assez curieuse se rattache à l'histoire de cet établissement : le rideau était remplacé par un immense volet mécanique formé de glaces juxtaposées, qui réfléchissaient l'aspect de la salle, aux entr'actes, durant lesquels, de cette manière, « les spectateurs de la pièce devenaient les spectateurs de leur propre personne et de celles de leurs voisins. »

En un domaine tout différent, chargé de missions scientifiques, Taylor, à cet égard, se distingua en Égypte, en Syrie, en Grèce, en Espagne. C'est en grande partie à lui que furent dus « la conquête et le transport » de l'obélisque de Louqsor, ainsi que l'acquisition et le transfert de nombreuses toiles destinées à constituer, au Louvre, le musée de l'école Espagnole. — Son désintéressement était si complet qu'au retour d'un de ces déplacements, il rendit spontanément à l'État près des trois quarts de la somme qu'on lui avait allouée.

En tant que commissaire royal près le Théâtre-Français, on sait quel rôle joua Taylor au moment des batailles du romantisme; son autorité, son habileté aplanirent les difficultés devant l'auteur d'*Henri III* et celui d'*Hernani*.

Mais son œuvre la plus féconde et la plus durable fut la fondation des cinq vastes associations dont il fut le président après en avoir été le promoteur : celles des artistes dramatiques, des artistes musiciens, celle des peintres, sculpteurs, architectes et graveurs, celle des inventeurs et artistes industriels, celle enfin des auteurs et compositeurs dramatiques. A l'Institut, ces entreprises rencontrèrent l'adhésion la plus chaleureuse. Les membres de l'Académie furent des premiers à souscrire; plusieurs joignirent, par la suite, à leur cotisation, des libéralités exceptionnelles, l'abandon de la valeur d'une grande médaille d'honneur, ou celui des recettes réalisées par une exposition à l'École des Beaux-Arts, etc., etc.

On est surpris de constater qu'en dépit de toutes les occupations que nous venons d'énumérer, Taylor trouva encore le temps de faire figure dans le monde des hautes affaires, par exemple en étant administrateur d'une grande compagnie de chemins de fer. De plus, sous l'Empire, il siéga au Sénat, et n'y demeura pas inactif.

Les années n'avaient rien enlevé à son énergie, à ses merveilleuses facultés de travail. Au reste, il oubliait son âge. Nous trouvons à ce propos un piquant témoignage dans les récents et charmants souvenirs de M. Denormandie. Le baron Taylor, à quatre-vingt-dix ans, pour exprimer ses remerciements au sujet de quelque obligeance, était allé voir, au Théâtre-Français, Perrin, beaucoup plus jeune que lui. « Comme il se confondait en éloges : « Je vous en « prie, lui dit Perrin, restons-en là; vous direz tout cela sur « ma tombe. » Alors le baron Taylor, avec une résolution convaincue, s'empressa de s'écrier : « Oui, monsieur, je le « dirai. »

Dans le discours que Jules Simon prononça à ses obsèques, il mit finement en relief un des principaux traits de son caractère, en expliquant que, dans les innombrables démarches auxquelles l'entraînait son zèle « il avait une manière à lui de faire le métier de solliciteur. Quel que fût le ministre, il arrivait dans son cabinet en temps opportun et faisait sa demande du ton dont on donnerait un conseil.... Si on refusait, il exprimait très vertement, quoique toujours très poliment, son mécontentement et sa désapprobation; si on accordait, il remerciait avec effusion, mais en homme, cependant, qui savait avoir rendu service au ministre en lui donnant l'occasion de bien placer une faveur. » Jules Simon ajoute qu'habitué à ne douter de rien, il alla dire un jour au ministre des Cultes quel choix, à son avis, il convenait de faire parmi les candidats à l'archevêché, alors vacant, de Paris. Comme on lui faisait, d'ailleurs avec courtoisie, des objections sur sa compétence en une question semblable : « Comment, répondit-il impétueusement, il ne s'agit pas de l'art! Et les édifices religieux? Et les maîtrises? »

1er Mai 1901.

TABLE DES MATIÈRES

I. PEINTRES : Blondel (1781-1853). — Paul Delaroche (1797-1856). — Drölling (1786-1861). — Abel de Pujol (1785-1861). — Picot (1786-1868). — Schnetz (1787-1870). — Langlois (1779-1838). — Couder (1790-1873). — Brascassat (1804-1867). 1

II. SCULPTEURS : Roman (1792-1835). — Nanteuil (1792-1865). — Petitot (1794-1862). — Dumont (1801-1884). — Duret (1804-1866). — Lemaire (1798-1880) 25

III. ARCHITECTES : Le Clère (1785-1853). — Guénepin (1780-1842). — Huvé (1783-1852). — Caristie (1783-1862). — Gauthier (1790-1855). — Le Sueur (1794-1883). 40

IV. GRAVEURS : Forster (1790-1872). — Gatteaux (1788-1881) 54

V. COMPOSITEURS : Paër (1771-1839). — Reicha (1770-1836). — Halévy (1799-1862). — Carafa (1787-1872). — Spontini (1774-1851). — Onslow (1784-1853). — Adam (1808-1856) 59

VI. Secrétaire perpétuel : Raoul Rochette (1789-1854) . .   86

VII. Membres libres : Le comte de Clarac (1777-1847). — A.-L. Dumont (1790-1853). — Le comte de Montalivet (1801-1880). — Le comte d'Houdetot (1778-1859). — Le comte de Rambuteau (1781-1869). — De Cailleux (1787-1876). — Le comte Duchatel (1801-1867). — Le baron Taylor (1789-1879)   89

PARIS, IMPRIMERIE GÉNÉRALE LAHURE
9, RUE DE FLEURUS, 9

OUVRAGES DU MÊME AUTEUR

HISTOIRE DE LA MUSIQUE, publication couronnée par l'Académie des Beaux-Arts : l'Allemagne et la Russie (deux vol. in-8° ill.) ; le Portugal, la Hongrie, la Bohême, la Suisse, l'Espagne, la Hollande, la Belgique et les États Scandinaves (onze vol. in-12, avec gravures) . . . . 29 fr.

LES GRANDS THÉATRES PARISIENS : la Comédie-Française depuis l'époque romantique, ouvrage couronné par l'Académie française ; **Soixante-sept ans à l'Opéra ; Soixante-neuf ans à l'Opéra-Comique ; le Théâtre-Lyrique de 1851 à 1870.** Quatre vol. in-4°, avec tableaux. . . . . 27 fr.

Précis de l'histoire de la musique russe. Un volume petit in-12. . . . . Épuisé

Musique russe et Musique espagnole ; un Problème de l'histoire musicale en Espagne. Deux broch. in-8° . . . . 2 fr.

Une Première par jour. Un vol. in-12, couronné par l'Académie française. . . . . 3 fr. 50

Almanach des Spectacles, publication couronnée par l'Académie française. Vingt-neuf vol. petit in-12, avec eaux-fortes de Gaucherel et Lalauze. 145 fr.

Deux Bilans musicaux. Broch. in-8° . . . . Épuisée
  En collaboration avec Charles Malherbe.

Histoire de l'Opéra-Comique (la seconde salle Favart, 1840-1887). Deux vol. in-12, ill., couronnés par l'Académie des Beaux-Arts. 7 fr.

Mélanges sur Richard Wagner. Un volume in-12, avec gravures. . . . . 3 fr. 50

L'Œuvre dramatique de Richard Wagner. Un vol. in-12. Épuisé

Précis de l'histoire de l'Opéra-Comique. Un volume petit in-22. . . . . Épuisé

45.385. — Imprimerie LAHURE, 9, rue de Fleurus, à Paris.